锶盐废渣在农村公路中的应用技术

朱洪洲　唐伯明　田文玉　著

人民交通出版社股份有限公司
China Communications Press Co.,Ltd.

内 容 提 要

本书依托西部交通建设科技项目——"锶盐废渣在农村公路中的应用研究",系统介绍了锶盐废渣材料特性、锶盐废渣基层和面层混合料组成设计方法、锶盐废渣基层和面层混合料路用性能、农村公路锶盐废渣路面典型结构、锶盐废渣基层和面层施工工艺、锶盐废渣筑路的环境影响评价等。

本书可供道路工程专业的科技人员、公路工程领域的从业人员、相关专业的高等院校师生参考使用。

图书在版编目(CIP)数据

锶盐废渣在农村公路中的应用技术/朱洪洲,唐伯明,田文玉著.—北京:人民交通出版社股份有限公司,2018.4

ISBN 978-7-114-14627-5

Ⅰ.①锶… Ⅱ.①朱… ②唐… ③田… Ⅲ.①农村道路—废渣—路面 Ⅳ.①U418 ②U416.25

中国版本图书馆 CIP 数据核字(2018)第 068556 号

书　　名:	锶盐废渣在农村公路中的应用技术
著　作　者:	朱洪洲　唐伯明　田文玉
责任编辑:	李　瑞　卢　珊
责任校对:	刘　芹
责任印制:	张　凯
出版发行:	人民交通出版社股份有限公司
地　　址:	(100011)北京市朝阳区安定门外外馆斜街 3 号
网　　址:	http://www.ccpress.com.cn
销售电话:	(010)59757973
总　经　销:	人民交通出版社股份有限公司发行部
经　　销:	各地新华书店
印　　刷:	北京鑫正大印刷有限公司
开　　本:	720×960　1/16
印　　张:	11
字　　数:	200 千
版　　次:	2018 年 4 月　第 1 版
印　　次:	2018 年 4 月　第 1 次印刷
书　　号:	ISBN 978-7-114-14627-5
定　　价:	45.00 元

(有印刷、装订质量问题的图书由本公司负责调换)

前　言

农村公路是国家公路网的重要组成部分。在我国西部地区,地广人稀,农村公路是广大农村最主要甚至是唯一的运输方式。改革开放20年来,西部地区农村公路建设取得了可喜成绩,但农村公路总量不足、通达深度不够、技术等级低、抗灾能力弱的问题仍很突出,不能适应农村经济发展和农民生产生活的需要。因此,"十一五规划"把建设社会主义新农村作为"十一五"期间政府的一项首要任务,明确要求加快农村公路基础设施建设。资金问题是农村公路发展的关键。我国农村公路建设面广量大,筹资渠道有限,基本以国家拨款和地方财政支持相结合的方式提供建设资金,因而建设资金比较缺乏。在此背景下,充分开发利用工业废材、废渣进行农村公路建设可以降低农村公路造价,在农村公路建设中具有良好的推广前景。

我国广阔的西部地区矿产资源丰富。经过调研发现,目前,锶矿在西部地区分布广、储量丰富。该矿种是生产锶盐(碳酸锶)产品的原料。锶盐生产过程中会产生大量的废渣,主要成分是 CaO、SiO_2、SO_3 等,是一种色浅、质轻松、有一定活性的碱性水淬渣。每10万 t 的碳酸锶产品,将产生大约80万 t 的锶渣。据不完全统计,目前累计遗弃于渣场的锶渣数量已达4 000多万吨。这些锶渣长时间弃置于渣场,既得不到合理利用,又占用大量的土地,在自然风雨作用下,融入溪水、河流中,污染环境,如果能发掘其路用价值,将其开发并用于修建农村公路,无论从环保还是降低农村公路造价方面来讲,都具有重要现实意义。

依托西部交通建设科技项目——"锶盐废渣在农村公路中的应用研究",重庆交通大学、重庆市公路局等对锶盐废渣材料特性、锶盐废渣基层和面层混合料组成设计方法、锶盐废渣基层和面层混合料路用性能、农村公路锶盐废渣路面典型结构、锶盐废渣基层和面层施工工艺、锶盐废渣筑路的环境影响评价等进行了系统研究。本书是对上述研究成果及其工程实践的总结，为工业废渣在农村公路中的应用提供了一个系统的技术范例，供相关技术人员参考。

感谢罗晓辉、张鸣功、赵美玲、韦广林、王国安等在项目研究过程中做出的贡献。

由于作者水平所限，不当之处在所难免，希望读者不吝指正。

作　者
2018年2月

目 录

1 绪论 ·· 1
　1.1 农村公路建设现状 ·· 1
　1.2 我国工业废渣应用研究概况 ·· 2
　1.3 工业废渣在农村公路中的应用 ·· 5
　1.4 锶盐废渣的应用现状 ·· 5
2 锶盐废渣分布及产出状况 ·· 7
　2.1 我国锶产业发展现状 ·· 7
　2.2 我国锶矿分布 ··· 9
　2.3 碳酸锶生产工艺及锶盐废渣产出过程 ··· 11
　2.4 锶盐废渣的处治现状 ·· 12
3 锶盐废渣材料特性研究 ·· 14
　3.1 锶盐废渣的物理特性 ·· 14
　3.2 锶盐废渣的化学特性 ·· 18
　3.3 锶盐废渣活性 ·· 22
　3.4 锶渣活性激发研究 ·· 28
　3.5 本章小结 ·· 35
4 锶渣水泥砂浆配合比与性能 ·· 37
　4.1 磨细锶渣做水泥掺和料砂浆性能研究 ··· 37
　4.2 锶渣做集料掺和料的砂浆性能研究 ·· 49
5 锶渣基层混合料组成设计及性能评价 ·· 55
　5.1 水泥锶渣碎石基层 ·· 55
　5.2 石灰锶渣碎石基层 ·· 71
　5.3 本章小结 ·· 77
6 锶渣混凝土路面材料组成设计及性能评价 ·· 80
　6.1 锶渣混凝土配合比正交设计 ·· 80
　6.2 锶渣混凝土路面路用性能研究 ··· 84
　6.3 本章小结 ·· 93

7 农村公路锶盐废渣路面典型结构 ·················· 94
- 7.1 重庆地区自然条件 ·················· 94
- 7.2 路基强度参数 ·················· 95
- 7.3 农村公路交通参数 ·················· 96
- 7.4 影响锶渣路面性能的关键因素分析 ·················· 99
- 7.5 典型结构设计与推荐 ·················· 105
- 7.6 锶渣路面不切缝机理分析 ·················· 112
- 7.7 陡坡、拐弯等特殊路段的处理 ·················· 121
- 7.8 本章小结 ·················· 121

8 试验路铺筑及路用性能观测 ·················· 123
- 8.1 水泥锶渣碎石基层试验路 ·················· 123
- 8.2 石灰锶渣碎石基层试验路 ·················· 131
- 8.3 锶渣混凝土试验路 ·················· 137
- 8.4 试验路路用性能观测 ·················· 149
- 8.5 农村公路锶盐废渣路面经济性分析 ·················· 155
- 8.6 间接经济效益 ·················· 158
- 8.7 社会效益 ·················· 158
- 8.8 本章小结 ·················· 159

9 锶盐废渣路面环境影响评价 ·················· 160
- 9.1 锶渣路面环评的目的和意义 ·················· 160
- 9.2 锶渣成分分析 ·················· 160
- 9.3 锶渣放射性核素分析 ·················· 161
- 9.4 锶渣公路对路侧环境影响调查 ·················· 162
- 9.5 本章小结 ·················· 165

附录 部分试验路照片 ·················· 166

参考文献 ·················· 167

1 绪 论

1.1 农村公路建设现状

农村公路是个特定的概念,从广义上来说,农村公路是指县级及其以下的公路,从狭义上来说,是指乡镇及其以下公路。它是国家综合交通网的重要组成部分,是我国公路网的基础,是完成干线公路运输集散的"毛细血管"和实现城乡联系的纽带,也是乡村间物资交流的重要通道。但我国农村公路存在建设水平低、路网通达深度不够、行车条件差、断头路多、边远山区交通闭塞、资源未能得到开发利用等情况。目前我国农村路网和运输服务体系起点很低,覆盖能力和技术状况方面都面临着相当大的压力,还有 70 个乡镇、3.8 万个建制村不通公路,近 1 万个乡镇、30 多万个建制村不通沥青或水泥路。农村公路交通建设越来越不适应农村社会经济的发展需求,严重阻碍了农民生活水平的提高。因此,发展农村公路交通是新时期党中央、国务院部署的一项重要政治任务。加快农村公路建设是推进社会主义新农村建设的重要内容,是增加农民收入的有效途径,是扩大国内需求、拉动经济增长的重要措施,是构建便捷、通畅、高效、安全的交通运输体系的重要组成部分。2003 年交通部提出"修好农村路,服务城镇化,让农民兄弟走上柏油路和水泥路"的建设目标,并首次提出把农村公路和国道主干线建设放在同等重要的位置。

"十五""十一五"和"十二五"期间,是我国历史上农村公路发展最快、最好的时期,农村公路建设成为交通发展的突出亮点。2003 年以来,我国启动了新中国成立以来规模最大的农村公路建设,在"村村通工程""通达工程""五千亿元工程"等取得重大进展的同时,交通运输部也在重点关注农村公路建设质量和使用性能提升的问题。截至 2015 年底,全国农村公路里程达到 398 万 km,全国 99.99% 的乡镇和 99.87% 的建制村通了公路。

2014 年 3 月 4 日,习近平总书记指出"要求农村公路建设要因地制宜、以人为本,与优化村镇布局、农村经济发展和广大农民安全便捷出行相适应,要进一步把农村公路建好、管好、护好、运营好,逐步消除制约农村发展的交通瓶颈,为广大农民脱贫致富奔小康提供更好的保障。"2015年5月,交通运输部在《关于推进"四好农村路"建设的意见》提出,到2020年,全国乡镇和建制村全部通硬化路,养护经费全部纳入财政预算,具备条件的建制村全部通客车,基本建成覆盖县、乡、村三级农村物流网络,实现"建好、管好、护好、运营好"农村公路的总目标。

农村公路建设是我国公路交通事业的一个重心,重点围绕"质量、资金、安全、技术、群众利益"等关键问题展开。其资金问题是农村公路建设的最大障碍。高速公路建设,可以采取贷款、国家拨款和收费的方式筹措建设资金,而农村公路建设资金的主要筹资方式只有靠国家拨款、当地政府的财政支持或农民自己出资。因此,农村公路建设在现实的客观条件下面临着严峻的挑战。

与东部经济发达地区相比,我国西部地区农村公路数量更多,分布更广,辐射面宽,占公路总里程的70%以上。然而多年以来西部地区农村公路建设一直处于相对滞后状况,如重庆市在直辖之初,全市竟然有近60个乡镇、5 000多个行政村不通公路。通过十多年的建设,特别是自2003年交通部提出农村公路建设目标以来,全市加快实施了农村公路通达通畅工程,实现了农村公路发展的历史性跨越。2016年底,重庆市农村公路总里程达到12.3万km,路网密度达每百平方公里149km。但我国西部地区农村公路的建设仍经常面临资金紧缺、当地材料单一、施工机械化程度低、技术经验相对欠缺等问题。在此背景下,充分开发利用工业废材、废渣来进行农村公路建设可以大大降低农村公路造价,具有良好推广前景。

1.2 我国工业废渣应用研究概况

工业废渣在我们的日常生活中越来越受到关注,可以应用在很多的领域,不是原来任意堆放破坏环境,对人们毫无用处的工业废料。工业废渣可应用于路基工程、路面基层或底基层,当路面胶凝材料的填充料。工业废渣成功地应用于路基路面工程,不但可以节约成本,而且还可以解决工业废渣堆放带来的环境污染问题,把它变废为宝。

目前,国内对于工业废渣的研究多集中在粉煤灰、磷石膏、钢渣、碱渣及煤矸石等,主要的研究方向有四个:一是工业废渣自身的物理化学特性;二是工业废渣与沙石材料或工业废渣与水泥、石灰等胶凝材料混合用作路面的基层和底基层,其强度形成的机理研究;三是配合比设计的研究,怎么配合可以达到各级路的路用性能;四是关于施工工艺的研究,其中对粉煤灰的研究和应用较为成熟。随着科技的发展和研究方法的进步,工业废渣在道路工程中的应用必将得到更加广泛的推广

和应用。以下介绍几种具有活性的工业废渣:

(1) 粉煤灰

在以煤为燃料的火力发电厂中,煤炭在锅炉中燃烧后有两种固态残留物——灰和渣。随烟气从锅炉尾部排出的,主要经除尘器收集下来的固体颗粒即为粉煤灰,简称灰或飞灰;颗粒较大或成块状的,从炉膛底部收集出来的称为炉底渣,简称为渣或大渣。从综合利用角度讲的粉煤灰,一般也包括渣,即灰渣的统称。粉煤灰一般根据氧化钙含量分为高钙粉煤灰和低钙粉煤灰。

粉煤灰在建筑领域的应用从20世纪50年代开始,目前已比较成熟。粉煤灰用作建筑工程的基本材料能节约水泥、降低生产成本和工程造价;提高混凝土后期强度及抗渗性和抗化学侵蚀能力,改善混凝土的和易性,便于泵送、浇筑和振捣;抑制碱骨料反应的不良影响;降低水泥水化热,抑制温度裂缝的发生与发展;与水泥中的游离氧化钙相化合提高水泥的安定性。粉煤灰在建筑工程中主要用于大体积混凝土、泵送混凝土、高低强度等级混凝土及灌浆材料等,在建筑的其他多方面的应用上也有很大的进步,尤其最近几年,各种关于粉煤灰的利用专利如雨后春笋般地出现。

目前粉煤灰在建材方面主要应用在以下几个领域:高活性粉煤灰水泥混合材料;绿色高性能高掺量粉煤灰混凝土;高掺量粉煤灰烧结砖;粉煤灰用作衬砌材料;生产轻集料和空心砌块;粉煤灰泡沫陶瓷;粉煤灰作路基填料。

(2) 矿渣

高炉矿渣是在冶炼生铁时从高炉中排出的一种废渣。高炉矿渣的主要化学成分是二氧化硅、氧化铝、氧化钙、氧化镁、氧化锰、氧化亚铁和硫等。其中二氧化硅、氧化铝等组分,除了以硅铝酸二钙的形式存在以外,还以不规则状的铝酸根出现在玻璃体内,在水与$Ca(OH)_2$的激发作用下能与CaO和MgO化合,高炉矿渣的活性通常随着Al_2O_3含量增多而提高。CaO、MgO含量高对矿渣活性有利,SiO_2在矿渣中能促进玻璃体的形成,但如果其含量过高,则降低矿渣的活性。矿渣的活性不仅取决于它的化学成分,还取决于它的冷却条件:如果慢慢冷却,则其活性较小;若急剧冷却,则可制取活性大的粒状矿渣。这是因为矿渣经过急速冷却,热熔矿渣的内部热量来不及散出,来不及形成结晶体而保持无定形的玻璃体,能储存较多的化学能,表现出较大的活性。

矿渣的资源化利用一般可以分为以下四种:回填、筑路材料;生产水泥;配置混凝土;生产建材制品。

(3) 钢渣

钢渣主要来自金属炉料中各元素被氧化后生成的氧化物,被侵蚀的炉衬和补炉材料,金属炉料带入的杂质如泥砂和为调整钢渣性质而特意加入的造渣材料如石灰石、白云石、铁矿石、硅石等。钢渣产生率为粗钢量的 15% ~ 20%。钢渣按炼钢方法分:有转炉钢渣、平炉钢渣、电炉钢渣,平炉钢渣又可分为初期渣和末期渣(包括精炼渣和出钢渣),电炉渣又可分为氧化渣和还原渣。在我国,转炉钢渣约占钢渣总量的 65%。

钢渣的资源化利用一般可以分为四种:在建材中的应用,钢渣在水泥行业的应用,钢渣作路基材料;钢渣在钢铁工业上的应用,钢渣作烧结熔剂,从钢渣中回收金属元素;钢渣在环境保护上的应用,钢渣制净水剂,钢渣脱硫;钢渣在农业上的应用,钢渣作酸性土壤改良剂,钢渣制磷肥。

(4)燃煤固硫渣

流化床燃煤固硫是一个硫的形态转化过程,即利用脱硫剂(主要成分为石灰石或生石灰)将燃煤硫成分氧化放出的气态 SO_2 转化为以 $CaSO_4$ 为主的形态存在而固定下来,这些副产物主要以流化床锅炉的炉底渣形式排出,我们暂且称之为流化床燃煤固硫渣,文中以后简称燃煤固硫渣或固硫渣。经过这一过程后,可以大大降低向大气中排放 SO_2 的量,但同时又产生另一种污染物,即流化床燃煤固硫渣。所涉及的燃煤灰渣有四种,即粉煤灰、炉底灰、沸腾炉渣、烟气脱硫渣。

燃煤固硫渣的资源化利用一般可以分为五种应用途径:作为建筑材料;矿山、矿井治理;交通工程;城市环境治理;农业。

(5)铬渣

铬渣是铬盐生产厂和铬铁合金厂在生产过程中排放出的大量剧毒固体废渣,在这些固体废弃物中,除含有钙、镁、铁、硅、铝等元素外,还含有一定量反应不完全的 Cr_2O_3、1% ~ 3% 水溶性铬酸钠及酸溶性铬酸钙。含铬废渣是最危险的固体废弃物,它会对周围环境造成持续性的污染。据估计,目前全国铬渣排放量每年为十几万吨,历年累计堆存量约为 250 万 t,这些铬渣多为露天堆放,基本未做处理,渣中可溶性铬随雨水溶渗流失,严重污染周围的土壤、河流及地下水源。

铬渣的资源化利用途径:铬渣在建材上的应用,铬渣在水泥行业的应用,铬渣制砖,铬渣制微晶玻璃,铬渣作玻璃着色剂,铬渣制耐火材料;铬渣在冶金上的应用,铬渣作炼铁熔剂,铬、钒渣生产烧结矿;铬渣制钙镁磷肥。

(6)磷石膏

磷石膏即含磷石膏的废渣,是湿法生产磷酸的副产物,德阳鉴峰实业总公司采用湿法制磷酸中的二水物法生产磷酸。料浆在系统中的停留时间为 4 ~ 8h。反应槽内加入经预混合的磷矿粉、循环稀硫酸及料浆。反应完后的料浆大部分返回,少部分送去过滤。经滤出浓酸后,再经稀酸洗涤、水洗涤等工序,分离出磷酸和洗净石膏。生产过程中游离酸含量、温度以及磷矿石品位都对磷石膏的结晶形态、颗粒大小有很大影响。

磷石膏的资源化利用途径：磷石膏在建材上的应用，磷石膏在水泥行业的应用，磷石膏作胶凝材料；磷石膏在化工上的应用，利用磷石膏生产硫酸盐，磷石膏制硫酸联产水泥，利用磷石膏生产元素硫，从磷石膏中提取贵重金属和稀土元素；磷石膏在农业上的应用，磷石膏作土壤改良剂，磷石膏与氮肥作混合肥料，磷石膏制取复合肥料。

1.3 工业废渣在农村公路中的应用

交通运输部鼓励各地因地制宜，根据道路实际情况，依据交通量发展前景以及路面使用年限，选择适合本地实际、造价低、利于农民养护的多种路面结构形式。应充分利用当地材料合理进行农村公路路面设计，不应局限于沥青路面和水泥路面。工业废渣应用于农村公路既解决环境保护问题，也有利于降低农村公路造价，全国许多地方都对此进行了探索。

黑龙江省应用煤矸石作为农村公路路面的基层材料，不仅解决了七台河市的筑路材料问题，降低了工程造价，使用有限的资金建设更多更好的农村公路，而且变废为宝，清理出大量土地和空间，减少了环境污染。

云南省大规模采用的弹石路面，造价比沥青、水泥路面降低了50%~55%，且施工技术要求不高，方便受益村民参与施工，在山区公路车流量不高的情况下，有效地保障了道路的安全通行。

辽宁省沈阳市对电石渣在乡村道路路面工程应用进行了探索，先后在辉山农场、大青乡、沙岭镇等乡村道路路面工程中试验应用，试验路总长25.5km。经初步验证，使用电石渣代替石灰用于农村公路路面基层施工完全可行，而且经济效益可观。

另外，重庆市利用三峡库区流化床固硫灰、湿排粉煤灰、电石渣、磷石膏、电解锰渣等工业固体废弃物，修筑了农村公路 PLS 混凝土路面，减少环境污染，节约工程造价，具有显著的经济和社会效益。

1.4 锶盐废渣的应用现状

我国广阔的西部地区矿产资源丰富。经过调研，发现目前锶矿在西部地区分布广、储量丰富。该矿种是生产锶盐(碳酸锶)产品的原料。锶盐生产过程中会产生大量的废渣，主要成分是 CaO、SiO_2、SO_3 等，是一种色浅、质轻松、有一定活性的碱性水淬渣。每 10 万 t 的碳酸锶产品，将产生大约 80 万 t 的锶盐废渣。目前国内锶盐产品 2015 年底已达 100 万 t 以上，仅重庆地区就有碳酸锶生产企业 15 家，总生产能力近 30 万 t，每年产生的锶盐废渣近 250 万 t，整个西部地区年产锶盐废渣近 500 万 t。据不完全统计，目前累计遗弃于渣场的锶盐废渣数量已达 4 000 多万 t。这些锶盐废渣长时间弃置于渣场，既得不到合理利用，又占用大量的土地，在自然风雨作用下，融入溪水、河流中，污染环境，如果能发掘其路用价值，将其开发并用于修建农村公路，无论从环保还是降低农村公路造价方面来讲，都具有重要现实意义。

2 锶盐废渣分布及产出状况

2.1 我国锶产业发展现状

锶是自然界中广泛分布的微量元素。锶位于元素周期表第五周期第二族,是碱土金属族元素之一。迄今,世界上已发现的锶矿物约 46 种。而我国产出的锶矿物也已达 9 种之多,分别为:天青石(Celestite)、碳酸锶矿(Strontianite)、富锶文石(Strontianiferous)、硫磷铝锶石(Svanbergite)、砷铝锶石(Arsenogoyazite)、钾锶矾(Kalistrontite)、锶磷钙铝矾(Strontiumwoodhouseite)、钙碳锶铈矿(Calcian ancylite)、锶碳铈钠矿(Strontium Carbocernaite)。

由于具备很强的吸收 X 射线辐射功能和独特的物理化学性能,锶被广泛应用于电子、化工、冶金、军工、轻工、医药和光学等各个领域,并且随着世界工业的不断发展,锶的使用领域也逐步扩大和变化。19 世纪末到 20 世纪初,人们将氢氧化锶用于制糖业,以提纯甜菜糖浆;两次世界大战期间,锶化合物广泛用于生产烟火及信号弹;20 世纪 20、30 年代,用碳酸锶作炼钢的脱硫剂,以除去硫、磷等有害杂质;20 世纪 50 年代,在电解锌生产中,用碳酸锶提纯锌,其纯度可达 99.99%;20 世纪 60 年代末,碳酸锶广泛用作磁性材料;钛酸锶用于电子计算机存储器,氯化锶用作火箭燃料;1968 年发现碳酸锶屏蔽 X 射线的功能,并将其应用于彩色电视机荧屏玻璃,需求量大幅度增长。另外,锶在其他领域中也不断地扩大其应用范围。

硝酸锶是氧化剂,与有机物接触、摩擦、碰撞、遇火能引起燃烧和爆炸,发出深色火焰。因此,硝酸锶主要用于制造红色烟火和各种信号弹、火焰筒、火柴。铬酸锶主要用于制造防锈颜料。铁酸锶($SrFe_{12}O_{18}$)具有较高的矫顽力、良好的热阻性、电阻性及化学稳定性,能够抵抗脱磁,因此铁酸锶可生产永久陶瓷磁铁,广泛应用于直流电机、扬声器及电磁铁的生产中。钛酸锶($SrTiO_3$)是一种高技术的锶陶瓷,在有些半导体中用作基片,在光学和压电学方面用作感光片,亦用于生产电子计算机存储器。氧化锶(SrO)比重 4.5,熔点 2 430 ℃,用于烟火、颜料、医药等方面。硫化锶(SrS)可用在某些发光性和磷光性颜料中作活性配料。氯化锶($SrCl_2 \cdot 6H_2O$)

可用于烟火、火箭燃料及医药工业。氢氧化锶[$Sr(OH)_2$]和锶水化合物[$Sr(OH)_2 \cdot 8H_2O$]可用于生产锶润滑膏和肥皂,前者又可用作吸附剂及塑料胶。目前,碳酸锶是应用最广的锶化合物,目前已经广泛应用于彩色显像管、磁性材料、电子陶瓷、金属冶炼、功能材料、军工、医药等领域,表2-1为美国地调局统计的近年全球和我国碳酸锶产量。

中国和全球碳酸锶产量统计　　　　　　　　　　　　　　表2-1

年份(年)	中国(t)	全球(t)	我国占全球比例(%)
2006	23.0	48.2	47.8
2007	17.5	32.6	53.7
2008	16.4	26.9	61.0
2009	12.8	22.1	58.0
2010	15.0	25.0	59.9
2011	15.3	28.2	54.2
2012	14.0	26.8	52.3
2013	13.5	26.9	50.2
2014	13.1	26.4	49.6
2015	11.5	24.6	47.0

天青石是生产各种锶盐化合物的最主要锶矿石原料。20世纪70年代以前,世界锶矿石(天青石)产量较少。自1969年开拓了将锶应用于彩色显像管玻璃生产技术之后,矿石产量急剧增长。1968~1995年间,天青石产量增长了10倍左右。表2-2为2010~2015年全球锶矿产量统计。我国自1972年开始开采并生产锶矿石(天青石),江苏南京锶矿和重庆合川化工厂天青石矿为国内仅有的两个国营锶矿生产企业,分别具有采矿2万t/年、1万t/年和选矿1万t/年、5 000t/年的生产能力。1985年以后,我国乡镇、个体采矿者进入锶矿开发领域,矿山遍及重庆市、江苏省、青海省、湖北省等的锶矿产地。由于乡镇、个体开采锶矿占有较大比例,产量又不稳定,再加上受国际市场影响,因此我国锶矿产量变化幅度比较大。

2010~2015年全球锶矿产量统计(单位:t)　　　　　　　表2-2

年份(年)	2010	2011	2012	2013	2014	2015
中国	200 000	200 000	190 000	180 000	170 000	150 000
阿根廷	8 512	1 560	2 250	5 246	10 000	10 000

续上表

年份(年)	2010	2011	2012	2013	2014	2015
墨西哥	31 429	40 669	46 190	67 778	70 000	70 000
摩洛哥	2 500	2 500	2 500	2 500	2 500	2 500
伊朗	—	40 000	50 000	60 000	—	—
西班牙	83 035	97 102	96 688	90 972	90 000	90 000

2.2 我国锶矿分布

我国是世界上锶矿资源最为丰富的国家之一。我国锶矿床多以陆相湖泊化学沉积型矿床为主,沉积作用形成的锶矿床均存在于碳酸盐岩到蒸发岩层之间。同时我国也存在有岩浆热液型、海相沉积热卤水改造型和火山热液型等类型锶矿床。我国锶矿床主要形成于喜马拉雅、印支、燕山三个成矿时代。陆相湖泊化学沉积型锶矿床主要存在于青海省西北部区域,矿体赋存于碳酸盐相和硫酸盐相带之间,成矿在泻湖、湖泊环境中,锶元素来源于沉积盆地内。岩浆热液型锶矿床主要通过浅成侵入体的交代作用形成。富锶矿源层往往形成于蒸发岩盆地中,再由后期热液侵入蒸发岩盆地交代富锶矿物或富锶围岩形成热液型锶矿床。海相沉积热卤水改造型锶矿床主要分布于四川省中东部地区,矿体主要赋存于三叠系下统海相硫酸盐中。火山热液型锶矿床分布于江苏省西南部,矿床的形成与陆相火山作用有关。在火山活动后期形成的含硫气水热液沿着早期火山活动形成的深大断裂运移,通过交代作用交代富含锶元素的碎屑岩形成矿体。表生淋积型锶矿床主要分布在四川盆地东北部,矿体通常发育于原生锶矿床的浅表部,矿物一般不单独成矿,多以菱锶矿的形式产出。

我国锶矿资源分布广泛,主要分布在青海、重庆、湖北、江苏、云南等地,探明储量相对集中。在已探明的锶矿中,我国锶矿分布具有大矿少,小矿多;富矿少,贫矿多;单一矿少,伴生矿多的成矿特点。我国锶矿矿石品位普遍小于60%,商品矿品位一般在60%~80%之间,以中低品位锶矿为主。

(1) 重庆锶矿

重庆的铜梁、大足锶矿是我国采矿规模最大的锶矿,同时也是我国锶矿中质量最好的矿山。大足锶矿由天青石和少量的菱锶矿组成,品位较高,最高达90%,探明储量为46.6万t(资料显示,实际储量约400万t)。目前由于开采难度增大,月出矿量约3万t,商品矿的品位为60%左右。铜梁锶矿矿石以条纹、条带状及块状为主,少量脉状、网脉状、团块状及角砾状等。矿石矿物以天青石为主,部分矿区近地表以菱锶矿为主。探明地质储量400万t以上,矿石品位较高。天青石一般含$SrSO_4$ 30%~60%(质量分数,下同),最高95%,$BaSO_4$ 2%~6%,最高14%,矿石易选。重庆锶矿2010年采矿量30万t左右,商品矿10万t以上,主要供重庆当地两家锶盐生产企业。从1992年开始,经高强度开采,已逐步进入枯竭状态。2013年重庆市地勘局205地质队在大足兴隆矿区找矿取得突破性进展,发现一个目前亚洲最大的锶矿床,矿床的平均品位为50%,其中三成以上都为富矿,品位相当高。预计探明的资源量将超过2 000万t,经济价值约20亿元。

(2)青海锶矿

青海锶矿位于海西州大风山、尖顶山、碱山一带,由4个矿区组成,东西长20km,宽约4km,海拔高度2 800~2 830m,矿床浅地表,开采方便。锶矿的成因类型为内陆湖泊化学沉积型。矿石类型比较简单,按其自然类型分为原生天青石和次生天青石两大类,估计原生矿储量约为2 000万t,$SrSO_4$质量分数为38%~40%,次生矿约有3万t,$SrSO_4$质量分数为60%~65%,为露天开采。建有选矿厂,选矿厂位于老芒崖,距矿山65km,年选矿能力10万t,选矿后矿石品位可达70%~75%,但目前大电网尚未到达选矿厂,该选矿厂未能投入生产。大风山矿地处偏远,距最近的锡铁山车站约400km,距碳酸锶生产企业约700km,运输成本较高。

(3)湖北锶矿

湖北锶矿位于湖北省黄石市开发区狮子笠山,距火车站、长江港及高速路口均不到7km。锶矿的成因类型属海相沉积改造型,少数为盐湖卤水型。该矿山由4个工业矿群组成,集中在0.62km²范围,总储量在800万t以上。其中I2号矿体储量达257万t,平均品位55.21%,矿体埋藏浅,开采方便,矿石可选性和加工性良好,但含钡、钙高。年产商品矿10万t左右,品位约75%,主要销往河北、甘肃、江苏等地。

(4)云南锶矿

云南锶矿位于兰坪县境内,主要由分布在金顶矿区、河西、东至岩处的3个锶矿组成。金顶锶矿共探明天青石D级金属储量720.97万t,锶平均品位为12%~28%。距县城约3km,被四川宏达股份有限公司收购,目前产出的锶矿是铅锌矿开采过程中的伴生矿。河西锶矿距县城约90km,D级+E级天青石储量21.04万t,其中D级14.07万t,矿区平均品位54.07%,D级53.7%,并伴生少量菱锶矿。东至岩锶矿E级储量51.34万t,品位在45.36%~75.10%。目前兰坪产商品锶矿,主要来自金顶铅锌矿的伴生锶矿和河西锶矿,商品矿品位在65%左右。

(5)江苏锶矿

江苏锶矿集中在南京溧水县爱景山,矿床赋存于晚期火山岩中,属中低温热液充填矿床,伴生矿物为高岭石、石英、长石及褐铁矿等。天青石呈半自形板状与薄片状,集合体可达 100mm 粗大晶块,也有一部分为细粒状。原矿含 $SrSO_4$ 50% 左右、含 $BaSO_4$ 4% 左右、含 CaO 0.4% 左右。矿体埋藏浅、品位高,是一种易选易采的矿床。

(6)新疆锶矿

新疆锶矿地处和硕县可可乃克,距和硕县县城约 200km,距托克逊县县城约 50km。估计储量达到 100 万 t 以上,是新疆最大的锶矿,开采的原矿品位在 60% 左右。该锶矿由 5 条矿脉组成,是一种易采易选矿,矿石质量与重庆大足锶矿相似,只是矿区条件比较差,电力供应依靠柴油机发电,水源从山外运过来。

2.3 碳酸锶生产工艺及锶盐废渣产出过程

碳酸锶生产采用碳还原法。其基本的生产工艺如下。

(1)配料

破碎的天青石(中砂细度)与粉状的无烟煤按 4∶6 的比例混合。

(2)焙烧

将天青石矿粉(主要成分为 $SrSO_4$)和参与化学反应的无烟煤混合料送入回转窑煅烧(图 2-1),在高温下(1 000~1 200℃)反应,还原生成 SrS(易溶于水),其化学反应方程式为:

$$SrSO_4 + 2C \longrightarrow SrS + 2CO_2 \uparrow \qquad (2-1)$$

(3)浸取

焙烧得到的 SrS 黑料,由料车送入浸取罐(图 2-2),加水进行浸取反应,浸泡 2~3 遍,溶出 SrS,得到黄色水溶液(SrS 浓度 48~50g/L),除去其中的钡、钙,注入计量罐,排出锶盐废渣(图 2-3)。其主要化学反应方程式为:

$$2SrS + 2H_2O \longrightarrow Sr(OH)_2 + Sr(HS)_2 \qquad (2-2)$$

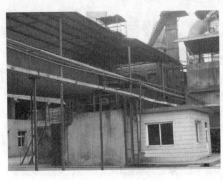

图 2-1　培烧窑

图 2-2　浸取罐

(4)碳化

碳化工序是碳酸锶生产工艺的重要工序,从计量罐中将浸取液泵入碳化塔(图2-4),在碳化塔内通入 H_2S 预碳化,再通入 CO_2 碳化得到碳酸锶料浆,同时排出含 H_2S 的尾气。碳化过程的反应方程式如下:

预碳化 $\quad Sr(OH)_2 + 2H_2S \longrightarrow Sr(HS)_2 + 2H_2O$

碳化 $\quad Sr(HS)_2 + CO_2 + H_2O \longrightarrow SrCO_3 + 2H_2S\uparrow$ (2-3)

图2-3 锶渣排放

图2-4 碳化塔

(5)脱硫、脱水、烘干

碳化得到的料浆压入脱硫桶,脱硫后的碳酸锶料浆经离心脱水烘干得到粉状碳酸锶产品。

2.4 锶盐废渣的处治现状

碳酸锶生产过程中会产生大量的废渣,是一种色浅、质轻松,有一定活性的碱性水淬渣,如图2-5和图2-6所示。每生产10万t的碳酸锶产品,将产生大约80万t的锶盐废渣(以下简称锶渣)。

图2-5 湿状锶渣

图2-6 干状锶渣

近年来,重庆大足、铜梁等地工程技术人员和人民群众为锶渣的利用开发进行了有益的尝试。最早将锶渣作为筑路材料的是大足县当地群众,锶渣堆放场周围的一些农民把锶渣直接倒在泥泞的田坎路、机耕道上,再用铁锹压紧,起到一定的硬化作用,大大方便了人们的出行。随着农村公路通达、通畅计划的逐步实施,工业废渣应用于农村公路的技术研究已在全国各地受到普遍重视。锶渣作为废渣的一种,发掘其路用价值,应用于农村公路建设,既能实现变废为用、解决农村公路建设资金紧张问题,同时又能实现环保,真正达到"双赢"效果。

3 锶盐废渣材料特性研究

对锶渣物理、化学等材料特性的掌握是对其进行合理应用的基础。锶渣是一种新型的工业废渣,对其材料特性目前国内外尚缺乏深入研究。本书以重庆大足县和青海大风山出产的锶渣为研究对象,通过室内试验分析锶渣的物理及化学性质,并与粉煤灰、矿渣等目前利用较为广泛的工业废材进行对比。

3.1 锶盐废渣的物理特性

3.1.1 颜色及颗粒形貌

采用 SEM 电镜扫描等手段,从微观和宏观两方面对锶渣的颜色及颗粒形貌进行观察测试。

图 3-1、图 3-2 所示分别为原状锶渣(烘干后)和固结后锶渣的样貌。刚出厂的锶渣色泽深,呈黑灰色;烘干后的锶渣色泽淡,呈灰色;经高温煅烧后,锶渣呈现土黄色。

图 3-1 原状锶渣样貌图

图 3-2 固结锶渣样貌图

图 3-3 ~ 图 3-8 分别为通过 SEM 电镜扫描获得的不同观察尺度的锶渣微观结构,可以看出其由似蜂窝状多孔玻璃体以及由珠状颗粒和碎屑颗粒互相粘连成为的连珠体或包珠体组成。

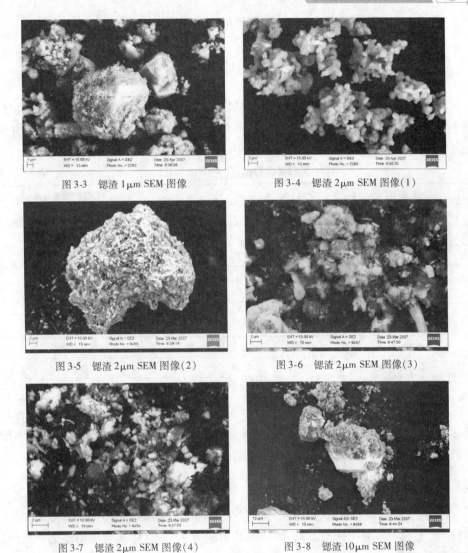

图3-3　锶渣1μm SEM 图像　　　　图3-4　锶渣2μm SEM 图像(1)

图3-5　锶渣2μm SEM 图像(2)　　　图3-6　锶渣2μm SEM 图像(3)

图3-7　锶渣2μm SEM 图像(4)　　　图3-8　锶渣10μm SEM 图像

3.1.2　密度

考虑到锶渣的不同用途,磨细锶渣细度与粉煤灰、矿渣粉接近,可以用作水泥掺和料;原状锶渣与砂砾颗粒状态类似,可以用作混合料的细集料。因此,分别测试原状锶渣和磨细锶渣的密度,并分别与粉煤灰、矿渣粉及机制砂的密度参数进行对比。

(1)试验材料

①粉煤灰:所用粉煤灰为重庆珞璜电厂的干排灰。

②矿渣粉:选用重庆环亚建材有限公司炼铁厂的水淬矿渣。
③机制砂:重庆双龙制砂厂出产。

(2)试验结果与分析

①磨细锶渣。

磨细锶渣真密度与表观密度测试结果见表3-1,将其与粉煤灰、矿渣粉的密度进行比较。可以看出,磨细锶渣的表观密度及真密度与粉煤灰、矿渣粉相近,并略高于这两种工业废渣。

工业废渣粉密度(单位:g/cm³)　　　　　　表3-1

废渣名称	真密度	表观密度
磨细锶渣	2.75	2.54
粉煤灰	2.49	2.43
矿渣粉	2.52	2.46

②原状锶渣。

将原状锶渣的表观密度和自然堆积密度与机制砂进行比较,结果见表3-2。

原状材料密度(单位:g/cm³)　　　　　　表3-2

废渣名称	表观密度	自然堆积密度
原状锶渣	2.34	1.15
机制砂	2.7	1.7

从表3-2可以看出,锶渣作为细集料,表观密度及自然堆积密度均比机制砂低很多,主要原因在于锶渣材质没有机制砂致密,是一种多孔颗粒。这可能会影响锶渣自身的坚固性以及作为混合料细集料的强度性能。

3.1.3　吸水率

根据《公路工程集料试验规程》(JTJ 058—2000)(已更新为JTG E42—2005,下同)中测定细集料吸水率的方法,测试原状锶渣吸水率,并将其与机制砂进行比较,试验数据见表3-3。

废渣吸水率及含水率比较图(单位:%)　　　　　　表3-3

废渣	含水率	1h吸水率	24h吸水率
锶渣	21.2	42.4	44.8
机制砂	—	1.1	2.8

由表3-3可以看出:

(1)锶渣的含水率和吸水率明显大于机制砂。从24h吸水率比较,锶渣为

44.8%,而机制砂为2.8%,二者相差悬殊,从而判断锶渣的吸水性极强。

(2)锶渣的1h吸水率和24h吸水率相差不多,说明锶渣吸水快,在较短时间内即达到饱和状态。

(3)吸水率还可以表示细集料颗粒内部的开口孔隙比例,是骨料质量好坏的一个指标。从表3-3的试验数据中可以判断锶渣的内部孔隙比例高(从前面的颗粒形貌也可以看出),这对锶渣作为混合料的细集料有不利的影响。

3.1.4 锶渣颗粒级配

将锶渣用于农村公路路面基层,在施工过程中需要碾压,锶渣颗粒可能破碎从而引起级配的变化。因此,除了直接取原状锶渣经过筛分试验做颗粒级配分析外,还将锶渣与碎石混合,在击实筒内击实98次后,进行锶渣与碎石颗粒级配筛分,观察锶渣的破碎情况。

(1)原状锶渣颗粒级配

将原状锶渣烘干后筛分,结果见表3-4。计算其细度模数 U_m = 2.59。图3-9所示为原状锶渣级配与规范砂颗粒级配范围的关系,可以看出原状锶渣颗粒级配基本满足中砂要求。

锶渣筛分结果   表3-4

筛孔尺寸(mm)	累计筛余率(%)	通过百分率(%)
4.75	4.38	95.62
2.36	16.54	83.46
1.18	31.8	68.20
0.6	51.94	48.06
0.3	76.72	23.28
0.15	92.28	7.72

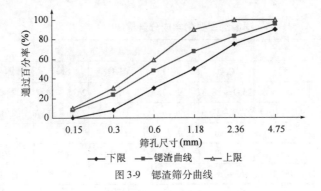

图3-9 锶渣筛分曲线

(2)击实后锶渣碎石颗粒级配

为了模拟将锶渣作为细集料掺和料使用,将锶渣碎石混合料在击实筒中(152mm×120mm)击实98次后进行筛分,观察锶渣在经过击实、振动、挤压等过程后的破碎情况。图3-10为击实后锶渣碎石筛分级配。

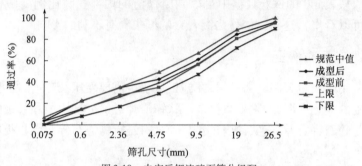

图3-10 击实后锶渣碎石筛分级配

从图3-10中可以看出:锶渣作为细集料掺和料与水泥、碎石等混合,进行98次击实后破碎情况良好。击实前后锶渣和碎石的颗粒级配曲线都在颗粒级配区域内。击实后的锶渣碎石与未击实的锶渣碎石级配比较,变化幅度不大,这可能是由于碎石主要形成骨架结构,承担了大部分受力。4.75mm筛孔以下的颗粒细度略有提高,但不影响工程应用。

3.2 锶盐废渣的化学特性

3.2.1 化学组成及成分分析

借鉴水泥化学成分的测定方法对锶渣的化学成分进行测试,分别测试了普通烘干锶渣、高温煅烧锶渣的主要化学成分并与粉煤灰和矿渣进行比较,试验结果见表3-5。

锶渣的主要化学成分含量(单位:%) 表3-5

名 称	化 学 成 分						
	SO_3	CaO	Fe_2O_3	Al_2O_3	SiO_2	MgO	loss
普通烘干锶渣	3.9~5.5	25.1~28.3	3.9~7.3	4.85	24.5~24.7	6.2~7.7	3.5~13.1
800℃煅烧锶渣	9.2~10.4	27.8~27.9	4.2~4.4	5.58	23.6~25.7	8.04	—
1 200℃煅烧锶渣	2.35	31.58	7.88	6.64	30.55	—	—
粉煤灰	0.2	15.99	4.66	24.42	48.76	1.08	3.96
矿渣	0.25	38.28	2.52	13.31	30.05	12.41	2.85

作者委托中国地质科学研究院成都矿产综合利用研究所分析中心用光谱分析法对大足、大风山两种常温磨细锶渣成分进行分析,试验结果见图3-11、图3-12。

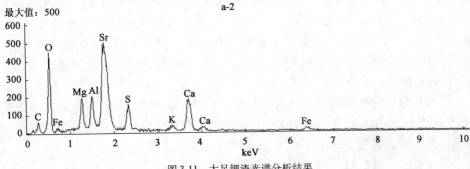

图3-11 大足锶渣光谱分析结果

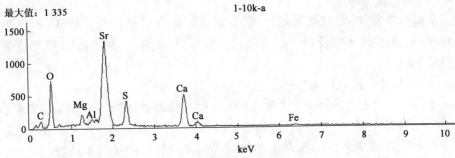

图3-12 大风山锶渣光谱分析结果

主要化学成分分析如下。

(1)氧化钙(CaO)

氧化钙的含量随着煅烧温度的增加而增加。CaO的熔点为2 887K,这种氧化物在未达到熔点前即开始分解,分解后部分氧变成气体蒸发,所以CaO的质量略有增加。从表3-5中可以看出,锶渣中的CaO含量要高于粉煤灰(低钙型),但比矿渣低10%。CaO含量高对锶渣的活性有利,这也是锶渣具有自硬性的原因之一。

(2)氧化铝(Al_2O_3)

氧化铝在经过800℃及1 200℃的煅烧之后,含量为4.85%~6.64%,没有大的变化。Al_2O_3晶体在高温下的性质十分稳定,它不溶于酸或碱,也不溶于水。Al_2O_3在一定温度下加热生成r-Al_2O_3,其硬度不高,具有较大表面积,化学性质较活泼,较易溶于酸或碱溶液中。经强热灼烧后的Al_2O_3发生了晶型转变,r-Al_2O_3受强热灼烧时,可以转变为a-Al_2O_3。a-Al_2O_3的化学性质不活泼,不溶于水,也不溶于酸和碱。所以,当锶渣煅烧到1 200℃时,Al_2O_3不发生水化反应,将影响锶渣的活性。

氧化铝是工业废渣具有活性的主要组分,它除了以硅铝酸二钙的形式存在以外,还以不规则状的铝酸根出现在玻璃体内,在水与 $Ca(OH)_2$ 的激发作用下能与 CaO 和 MgO 化合生成水化硅铝酸三钙(镁),活性通常随着 Al_2O_3 含量的增多而提高。锶渣中的氧化铝含量明显低于粉煤灰和矿渣,所以活性较粉煤灰和矿渣弱。而当磨细锶渣作为水泥掺和材料时,Al_2O_3 含量低对延缓水泥的初凝时间有利。

(3)氧化硅(SiO_2)

锶渣中氧化硅的含量也是随着煅烧温度的增加而略微增加,SiO_2 属酸性氧化物,其化学性质不活泼,除 HF 以外,不与其他无机酸反应。SiO_2 在锶渣中能促进玻璃体的形成。锶渣的 SiO_2 的含量在 20% 以上,比粉煤灰低,但和矿渣接近。这也是锶渣具有活性的重要原因之一。

(4)氧化镁(MgO)

常温锶渣和 800℃ 煅烧后的锶渣,其氧化镁的含量没有明显变化,但煅烧到 1 200℃ 后,检测不出氧化镁。因为经过高温煅烧,MgO 很难溶于水,故用化学方法检测不到。

(5)三氧化二铁(Fe_2O_3)

锶渣中三氧化二铁的含量大致在 4%~8% 之间,要比粉煤灰和矿渣粉略高,Fe_2O_3 一般和其他成分生成水化铁铝酸钙,对硬化后材料的耐磨性有帮助,因此从成分上分析,磨细锶渣作为水泥掺和料可以提高硬化后固体的耐磨性,调节凝结时间。

(6)其他化学成分

锶渣中还有一些化学成分用化学试验方法很难定量检测,但是根据锶渣生产工艺及其他检测方法可知,锶渣中还有 SrO、BaO 等。铍、镁、钙、锶、钡属于同一族元素并碱性逐渐增加,性质基本相似。镁质胶凝材料属于气硬性的胶凝材料,钙质胶凝材料属于水硬性的胶凝材料,由此推断氧化锶、氧化钡在水的作用下与硅铝酸或硅酸物质结合后,也应具有胶凝性。

3.2.2 锶渣中硫含量

因为三氧化硫含量高,可能会影响体积安定性。因此,对于锶渣在道路中的应用,三氧化硫的含量一直是被关注的焦点。火山灰材料中的硫酸盐成分,一般以三氧化硫的含量表示。以氯化钡重量法测试锶渣中三氧化硫的含量,锶渣在常温下硫含量为 3%~6%,大致符合 ASTMC618 规定的三氧化硫含量上限值 4% 或 6% (C 级或 F 级)。因此,在水泥混凝土或砂浆中使用未煅烧的锶渣,不会造成硫酸盐侵蚀或膨胀现象。表 3-6 为煅烧不同温度时锶渣中三氧化硫含量的测试结果,可以看出煅烧过的锶渣中三氧化硫含量的总体规律是随着煅烧温度的增加而增加,900℃煅烧锶渣的含硫量达到峰值10.3,在1 000℃陡然降低,到1 200℃达到最小值(图3-13)。这主要由于锶渣中还有一部分硫化物,高温煅烧,可以使硫化物氧化成三氧化硫,致使900℃之前三氧化硫的含量增加。锶渣中含有硫酸钡,硫酸钡在1 149℃发生晶体变形,还有硫和碳在1 000℃后发生反应生成三硫化碳,并且三氧化硫在1 000℃之后融解度增大,所以1 000℃后锶渣中的三氧化硫含量快速降低。

煅烧不同温度锶渣三氧化硫含量　　　　　　表 3-6

煅烧温度(℃)	200	300	400	500	600	700	800	900	1 000	1 100	1 200
含量(%)	6.5	6.9	7.2	8.6	8.4	7.6	9.2	10.3	3.1	2.8	2.3

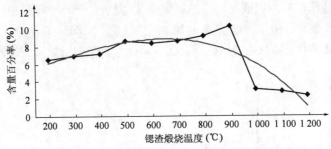

图3-13　煅烧不同温度锶渣三氧化硫含量变化规律

3.2.3　碱性模数

通过以上测定锶渣主要化学成分的含量来进行碱性模量计算(表3-7),以此检验锶渣的酸碱性及其强弱。

锶渣碱性模数值　　　　　　表 3-7

评价指标	锶渣			粉煤灰	矿渣
	常温	800℃	1 200℃		
碱性模数 M_0	1.14	1.18	0.95	0.23	1.22
pH 值	8	9	7	5	—

碱性模数公式为:

$$M_0 = \frac{CaO + MgO}{SiO_2 + Al_2O_3} \tag{3-1}$$

从表3-7中可以看出,常温锶渣呈碱性,煅烧800℃后锶渣碱性略微增强,锶渣煅烧1 200℃后呈偏中性。pH值测定结果与计算结果基本吻合。

3.2.4 烧失量

烧失量对于工业废渣是十分重要的指标,烧失量越小则认为工业废渣的火山灰活性和自硬性会更好。从表3-5的数据中可以看出,锶渣的烧失量在3%~13%之间,而粉煤灰和矿渣的烧失量均小于4%。锶渣中最高烧失量比粉煤灰和矿渣高10%。生产碳酸锶时煅烧温度和时间控制条件不良,没能使碳及锶渣中有机成分充分燃烧,会直接影响锶渣烧失量。锶渣如作为混凝土或路面混合料掺和材料,高于10%的烧失量可能会影响一些外加剂的使用效果,还会显著增加锶渣的需水量。

3.2.5 矿物成分

由锶渣X衍射图(图3-14),结合锶矿废渣的生产原料、生产条件和生产过程可以发现,锶矿废渣的矿物组成是大量的玻璃体、燃烧不完全的粉煤灰和燃烧过程中转化而来的晶体物质。初步判断存在的物相主要包括 $BaZrO_3$、$Ca(OH)_2$、$β-Ca_2SiO_4$、Ca_3SiO_5、$Ca_4Al_2FeO_{10}$、莫来石、Fe_2O_3、Fe_3O_4、$CaSO_4$、含钡硫铝酸钙、SrO 等。

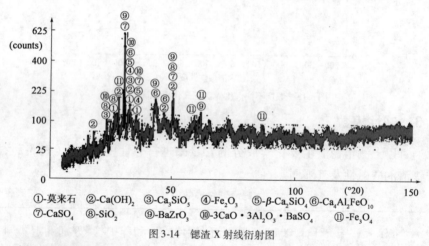

①-莫来石　②-$Ca(OH)_2$　③-Ca_3SiO_5　④-Fe_2O_3　⑤-$β-Ca_2SiO_4$　⑥-$Ca_4Al_2FeO_{10}$
⑦-$CaSO_4$　⑧-SiO_2　⑨-$BaZrO_3$　⑩-$3CaO·3Al_2O_3·BaSO_4$　⑪-Fe_3O_4

图3-14　锶渣X射线衍射图

3.3 锶盐废渣活性

国内外对锶渣活性及利用途径的研究尚属初级阶段,我国未将锶渣作为可利用的工业废渣类型列出。对于锶渣活性,国内外目前更无统一的锶渣活性评定方法或标准,因此结合锶渣在农村公路的应用特点,参照常用火山灰活性评定方法进行锶渣活性评价。火山灰活性评价方法主要有维卡法(石灰吸收法)、火山灰试验法、酸碱溶出度法、放热速率法、电阻法、砂浆强度试验法、活性率评定法等。此处选择简单适用的火山灰试验法、电阻法和砂浆强度试验法来检测锶渣的活性。

3.3.1 火山灰试验法

利用火山灰试验法检测锶渣、粉煤灰、矿渣等工业废渣,在(40 ± 2)℃条件下养护8d,测定其碱性,试验结果见表3-8。从表3-8中可以看出,在相似的总碱度X_{OH^-}条件下,锶渣氧化钙含量X_{CaO}较粉煤灰和矿渣高,所以与前两者相比,其火山灰性相对较低。

锶盐废渣与其他工业废渣火山灰性比较(单位:mmol/L) 表3-8

类 型		总碱度X_{OH^-}	氧化钙含量X_{CaO}
锶渣	常温	58.53	13.18
	800℃煅烧锶渣	63.20	18.74
粉煤灰		58.42	5.92
矿渣		66.55	6.28

锶渣由于含有20%左右的SrO和BaO,这两种碱化物与水反应生成强碱,也可以和锶渣中的火山灰活性物质结合生成水化硅酸钙与水化铝酸钙。这将会影响$Ca(OH)_2$的消耗。

3.3.2 砂浆强度试验法

砂浆强度试验法采用磨细锶渣取代部分水泥用于配置水泥胶砂,然后以其28d抗压强度与基准水泥胶砂的28d抗压强度的比值来反映锶渣活性的高低。比值越高,表明锶渣活性越高。为了与粉煤灰、矿渣等常用较高活性工业废渣进行比较,分别进行了掺加磨细锶渣、粉煤灰和矿渣的水泥胶砂抗压强度比试验。

分别用粉煤灰、矿渣和锶渣代替部分水泥制成水泥胶砂,以纯水泥胶砂为对比样品,具体配合比见表3-9。将试验样品和对比样品按相同条件[《水泥胶砂强度检验方法》(GB/T 17671—2001)]进行胶砂试件成型和养护,并分别测定不同龄期(3d、7d、28d)的抗压强度和抗折强度,试验结果见表3-10。

锶渣水泥胶砂配合比 表3-9

试验编号	水泥(g)	废渣用量(g)	水(mL)	标准砂(g)
A	450	—	225	1 350
B	315	135(磨细锶渣)	225	1 350
C	315	135(粉煤灰)	225	1 350
D	315	135(矿渣)	225	1 350

不同水泥胶砂强度比试验结果　　　　　　　　表 3-10

编号	抗折强度(MPa)/强度比(%)			抗压强度(MPa)/强度比(%)		
	3d	7d	28d	3d	7d	28d
A	3.66/100	6.70/100	7.22/100	11.60/100	16.15/100	24.60/100
B	2.64/72	2.93/44	4.28/59	7.24/62	9.9/62	16.74/68
C	2.89/79	4.14/62	8.35/116	9.79/84	14.21/88	29.79/121
D	2.50/68	3.12/47	5.81/80	7.59/65	8.96/55	16.95/69

从表 3-10 可以看出：

(1)在几种工业废渣中，粉煤灰水泥胶砂在各龄期的抗折强度和抗压强度较高，28d 强度值高于对比样水泥强度。这也是粉煤灰得到广泛应用的主要原因。

(2)磨细锶渣与矿渣水泥胶砂不同龄期的抗压强度和抗折强度相差不大，锶渣与矿渣活性无明显差别。

(3)锶渣水泥胶砂 28d 抗压强度比为 68%，大于标准值(62%)，说明锶渣具有活性，磨细后可作为水泥掺和材料。

3.3.3 电阻法

当锶渣中加入激发剂(氢氧化钙、硅酸盐水泥)后，由于锶渣中的火山灰质与激发剂反应生成的导电物质会使混合物的电阻发生变化，因此通过测量电阻的变化可以判断锶渣活性的高低。电阻越高，表明锶渣活性越高。有些研究者认为用电阻法确定锶渣活性是比较准确的，因为通过这种方法确定的活性与采用抗压强度比试验结果有比较好的相关性。

将煅烧到不同温度(500~1 200℃)的磨细锶渣掺水拌和或与水泥混合，分别测试混合材料 72h 内不同时间点的电阻，试验结果见表 3-11、图 3-15~图 3-18。为

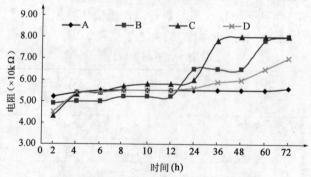

图 3-15　电阻法测锶渣(20~700℃)活性试验图

进行对比,同时测试粉煤灰水泥混合料的电阻变化。

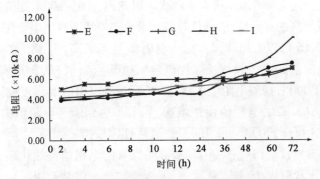

图 3-16　电阻法测锶渣(800~1 200 ℃)活性试验图

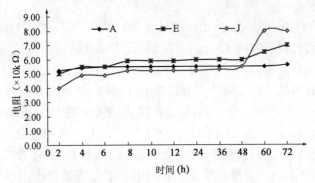

图 3-17　电阻法测锶渣(800 ℃锶渣、粉煤灰)活性试验图

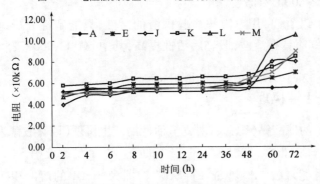

图 3-18　电阻法测锶渣(800 ℃锶渣、粉煤灰)与水泥混合活性试验图

(1)从图 3-15 可知,常温锶渣在 0~4h 时,电阻值逐渐增加,4~72h 电阻值曲线平缓,变化幅度小。500 ℃锶渣从 0~12h,电阻值增加缓慢,从 12~72h 电阻值曲线呈台阶式增长。600 ℃锶渣在前 2h,电阻值明显增加,之后在 24~36h 骤增,36h 之后,

电阻值曲线趋于平缓。700℃锶渣电阻在前两个小时快速增加,2~24h电阻曲线平缓,24~72h电阻值逐渐增加。从4条曲线可以知道,500~600℃锶渣的电阻值变化较大,说明生成了新的导电物质,活性较好。常温锶渣稍微有电阻变化,活性值低。

(2)从图3-16可以看出,800℃锶渣电阻值起点最高,但48h之前电阻变化不明显,48h后电阻值曲线缓慢增长。锶渣电阻值起点很低,从24h~72h电阻值曲线增长快速。1 000℃锶渣电阻值曲线与900℃锶渣电阻值曲线接近。1 100℃锶渣电阻值曲线从8h~72h,电阻值快速增加,到72h达到所有电阻值曲线的最高点。从5条曲线对比可知,900℃和1 100℃锶渣活性比较高。

(3)图3-17为常温锶渣、800℃锶渣和粉煤灰的电阻值曲线比较,800℃锶渣在早期的电阻值比常温锶渣、粉煤灰大,后期缓慢增长。但是到48h后粉煤灰的电阻值明显增加,高于常温锶渣、800℃锶渣电阻值。

(4)从图3-18中可以看出,比较曲线A和曲线K,常温锶渣的曲线平缓,常温锶渣与水泥混合材料的电阻48h前最高但是曲线略微增长,48h之后逐渐增加,说明锶渣在与水泥混合后,电阻值比不加水泥的高,到后期水化反应明显,说明水泥可以激发锶渣的活性。比较曲线E和曲线L,在48h前,两者电阻值曲线平缓,48h后煅烧800℃锶渣与水泥混合,电阻值增长明显,是6条曲线的最高值,说明800℃锶渣与水泥混合后,活性激发效果好,优于水泥对常温锶渣的激发。比较曲线J和曲线M,粉煤灰与水泥混合到72h后电阻值还在继续增长,但是未与水泥混合的粉煤灰到60h后,电阻值不再继续增加。对图中6组曲线做对比,水泥均对粉煤灰、常温锶渣及煅烧800℃有激发作用。

(5)综上可以看出,用电阻法检验锶渣的活性,只能定性分析锶渣活性的高低。试验表明锶渣具有活性,煅烧后活性提高,其中600℃、900℃、1 100℃煅烧锶渣活性较好。

3.3.4 锶渣活性机理

(1)锶渣中的硫酸钙(锶、钡)对锶渣活性的产生机理(以硫酸锶为例)

根据溶度积原理,沉淀物的K_{SP}是很小的值。在沉淀反应中$SrSO_4 \rightleftharpoons Sr^{2+} + SO_4^{2-}$,反应的平衡常数$K_{SP} = [Sr^{2+}][SO_4^{2-}]$,即为$SrSO_4$的溶度积。当溶液中的$Sr^{2+}$或$SO_4^{2-}$的浓度不断增大,浓度积不断增加,当大于$SrSO_4$的$K_{SP}$时,晶体开始重结晶。其中$SrSO_4$晶体的结晶过程可以分为三个阶段:

①溶解期。

当锶渣遇水后,$SrSO_4$颗粒表面开始部分水解,有少量的Sr^{2+}和SO_4^{2-}被离解出来,使 $SrSO_4$ 颗粒表面出现缺陷并带电。

②胶化期和凝结期。

随着反应温度的不断升高,分子热运动越来越剧烈,相互之间的碰撞机会大大增加,所以粒子开始团聚凝集,使颗粒快速长大。

③结晶期和硬化期。

随着 $SrSO_4$ 晶体的不断长大,形成树枝状结构,得到结晶强度。水分的减少和蒸发,促进了结晶和硬化,使之组成一个坚硬的整体。

(2) 其他无机活性物质对锶渣活性的产生机理

锶渣是具有潜在水硬性的废渣,含有较多的碱性氧化物(CaO、SrO),经过高温水淬后锶渣中含有一定的非晶质,这种非晶质蕴藏有很高的结晶行能量,所以具有潜在自硬性。

而锶渣中又含有活性的 SiO_2 和 Al_2O_3 的铝硅酸盐酸性玻璃体组成,在常温下与 $Ca(OH)_2$ 或能产生 $Ca(OH)_2$ 的材料一起存在时,在它们之间能发生火山灰反应,使锶渣内的非晶质物质受到水解作用,Al^{3+}、SiO_4^{-} 进入溶液,与溶液中的 Ca^{2+}、Mg^{2+}、Sr^{2+} 离子形成溶解度很小的硅酸盐和铝硅酸盐而沉淀,促进了锶渣颗粒表面的继续溶解,加速了反应。这种火山灰反应能获得具有强度的水化产物。

$$2(3CaO \cdot SiO_2) + 6H_2O = 3CaO \cdot 2SiO_2 \cdot 3H_2O + 3Ca(OH)_2$$

$$2(2CaO \cdot SiO_2) + 4H_2O = 3CaO \cdot 2SiO_2 \cdot 3H_2O + Ca(OH)_2 \tag{3-2}$$

$$3CaO \cdot Al_2O_3 + 6H_2O = 3CaO \cdot Al_2O_3 \cdot 6H_2O \tag{3-3}$$

$$4CaO \cdot Al_2O_3 \cdot Fe_2O_3 + 7H_2O = 3CaO \cdot Al_2O_3 \cdot 6H_2O + CaO \cdot Fe_2O_3 \cdot H_2O \tag{3-4}$$

(3) AFt 水化产物的生成机理

在水化产物中,生成了三硫型水化硫铝酸锶(钡),即 AFt。

锶渣中的硫基本上是以 $SrSO_4$ 的形式存在,$SrSO_4$ 进行如下水解反应:

$$BaSO_4 \rightleftharpoons Ba^{2+} + SO_4^{2-}$$
$$+$$
$$2H_2O \rightleftharpoons 2OH^- + H^+ \tag{3-5}$$
$$\Updownarrow$$
$$Ba(OH)_2$$

由于氢氧化锶(钡)溶解度较大,液相中的锶(钡)离子浓度较大,使硫酸锶(钡)电离平衡向左移动,液相中的硫酸根离子浓度较小,铝酸盐矿物的水化产物只能以低硫型出现。熟料引入的水化硅酸三钙很快被消耗完,而锶渣重的硫酸锶依然可以不断提供硫酸根,使 AFm 逐渐转为 AFt,所以最终的水化产物是 AFt。它是锶渣胶结料的强度来源之一。

3.4 锶渣活性激发研究

强度是土木工程材料的一个非常重要的指标,要利用锶渣生产建材制品和土木工程材料,首先要满足强度要求。锶渣的活性越大,活性激发越充分,其产生的强度也就越高。在前面讨论了如何验证锶渣的活性,在证明了锶渣具有潜在自硬性和活性的基础上,本节将讨论通过煅烧、磨细及加入化学激发剂等方法对锶渣进行活性激发。

3.4.1 粉磨改善锶渣活性

原状锶渣与粉煤灰相比颗粒非常粗大,其颗粒粒径与级配分布类似于中砂,因而不能直接作为水泥掺和材料应用于砂浆和混凝土中,必须对其进行机械粉磨。粉磨细度是影响锶渣活性的直接因素。

(1)粉磨标准

作为水泥掺和料的细度(比表面积)大小直接影响掺和料的增强效果,原则上磨细矿渣粉的细度越大则效果越好,但要求过细则粉磨困难,成本将大幅度提高。综合考虑,磨细锶渣粉的细度(比表面积)以 $400 \sim 600 m^2/kg$ 为佳。从颁布执行的《用于水泥和混凝土中的粒化高炉矿渣粉》(GB/T 18046—2000)标准看来,只要将锶渣比表面积控制在 $400 \sim 450 m^2/kg$,即可满足标准中 S95 级要求。将原状锶渣送到重庆拉法基水泥厂磨细,粉磨的比表面积为 $400 m^2/kg$。

(2)磨细锶渣颗粒级配

以工业副产品或天然矿物为原材料,进行磨细加工的矿物掺和料已成为高性能混凝土的重要组分。目前使用最多的矿物掺和料有矿渣、粉煤灰、硅灰等。以往对矿物掺和料的研究大都集中于研究其细度、活性及掺量对混凝土性能的影响,普遍认为矿物掺和料颗粒越细,其活性发挥得越好。因此,矿物掺和料粉磨加工生产出现追求更高细度的倾向,虽然取得了良好的效果,但大大增加了粉磨时间,提高了成本。

颗粒密集堆积理论研究结果表明,当材料颗粒在达到一定细度的情况下,采用合理的颗粒粒度级配能够有效地提高集料的强度和降低集料的渗透性能。因此,如果将矿物掺和料加工成完全均一细度的细粉,而不从颗粒级配上对材料进行配比设计,掺入混凝土后并不一定能发挥微观填充作用,实现有效改善集料体系性能的目的。为此,以颗粒密集堆积理论为基础,通过对比不同细度的锶渣,以不同比例掺配后形成的粉体颗粒配及胶凝试件的强度,探讨在胶凝材料颗粒级配逐渐趋向于紧密堆积时对水泥胶砂试件强度的影响。

表3-11为常温、磨细及磨细煅烧锶渣的颗粒分布及其与水泥颗粒分布的对比。表3-12为锶渣粉与水泥掺和后的颗粒级配分布情况。锶渣与水泥复掺时三种锶渣掺量均为30%,水泥掺量为70%,观察三种锶渣水泥混合体系干粉颗粒级配是否逐渐与最紧密堆积的要求接近。

锶渣、水泥的颗粒分布(单位:%)　　　　　　　　　　　表3-11

粒径(μm)	<1	<2	<4	<8	<10	<16	<20	<32	<64	<80	<100	<150
常温锶渣(Sr1)	0	0	2.3	4.58	5.75	12.88	21.88	40.65	84.28	90.28	97.48	100
<80μm锶渣(Sr2)	0	0	3.07	10.53	14.89	27.99	42.41	66.62	96.72	99.15	100	100
<80μm800℃锶渣(Sr3)	0	0	2.80	12.65	19.33	40.86	63.73	90.10	100	100	100	100
水泥	0	0.22	3.88	11.94	38.46	33.73	43.36	46.14	94.66	98.85	100	100

锶渣、水泥的颗粒级配分布(单位:%)　　　　　　　　　表3-12

粒径(μm)	<1	<2	<4	<8	<10	<16	<20	<32	<64	<80	<100	<150
JP	18.8	23.7	29.9	37.6	40.5	47.4	51.1	59.8	72.3	81.1	87.4	100
30% Sr1 + 70% C	0.00	0.15	3.41	9.73	28.65	27.48	36.92	44.49	91.55	96.28	99.24	100
30% Sr2 + 70% C	0.00	0.15	3.64	11.52	31.39	32.01	43.08	52.28	95.28	98.94	100	100
30% Sr3 + 70% C	0.00	0.15	3.56	12.15	32.72	35.87	49.47	59.33	96.26	99.20	100	100

注:JP为密集堆积时的级配分布;Sr1、Sr2、Sr3分别见表3-12;C为水泥。

由表3-12可知:

①其中物质组分为30% Sr3 +70% C 的试件大于32μm的颗粒为40.67%,与最紧密堆积所要求的40.2%最为接近。同时,大于20μm的颗粒为50.53%,与最紧密堆积所要求的48.9%也很接近。

②最紧密堆积颗粒级配与另两种材料来讲,也比较接近紧密堆积的要求。其中物质组分为30% Sr2 +70% C 的试件是从各方面相对比较趋于最紧密堆积要求的颗粒级配,比物质组分为30% Sr1 +70% C 的试件颗粒级配要好。

③从强度结果试验(表3-11、表3-12)可以看出,这三组试件的粉体颗粒堆积越紧密,抗压强度就越高;反之,当远离紧密堆积的颗粒级配要求,试验测得的强度

值也相应降低。

④上述分析表明：不同细度的体系掺料复合掺配时，它们的颗粒可以相互补充，使混合胶凝体系干粉颗粒的粒径分布更接近紧密堆积状态的要求，从而提高混合胶凝体系浆体的密实度。混合胶凝体系的颗粒级配在接近 Andreasen 颗粒最紧密堆积理论要求时，混合体系强度较高，混合体系凝胶体微观结构也比较致密。

(3)细度对锶渣胶砂强度的影响

细度是影响水泥和活性物质的直接因素。原状锶渣与粉煤灰比颗粒非常粗大，其颗粒粒径与级配分布类似于中砂，不能直接作为水泥掺和材料应用于砂浆和混凝土中，必须对其进行机械粉磨，粉磨细度又是影响锶渣活性的直接因素。

采用试验配比如表 3-13 所示。分别测试其抗压强度和抗折强度，并与标准砂砂浆强度对比。掺锶渣 30% 的水泥胶砂强度与标准样胶砂的强度比见图 3-19 ~ 图 3-21。

锶渣细度对胶砂强度影响配合比表　　　表 3-13

试验编号	水泥(g)	废渣类型、含量(g)	水(mL)	标准砂(g)
标准样	450	—	225	1 350
A	315	135(中度磨细锶渣)	225	1 350
B	315	135(磨细锶渣)	225	1 350
C	315	135(≤80μm 磨细锶渣)	225	1 350

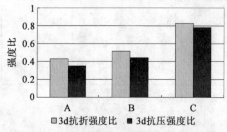

图 3-19　不同细度锶渣水泥胶砂 3d 强度比图

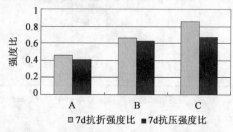

图 3-20　不同细度锶渣水泥胶砂 7d 强度比图

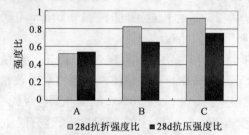

图 3-21　不同细度锶渣水泥胶砂 28d 强度比图

可以看出,锶渣粉磨得越细,比表面积越大,越利于锶渣中矿物质的水化,力学性能就越好。图 3-19 ~ 图 3-21 为不同细度锶渣水泥胶砂强度比。从图中分析可知,3d、7d 及 28d 抗折强度比均大于抗压强度比,且细度越小,对抗折强度影响越大。在早期 3d C 的抗压、抗折强度比高于 A 和 B30% ~ 40%,而 7d 和 28d 的抗压、抗折强度比高于 A 和 B10% ~ 20%,所以看出细度对锶渣早期水化性能影响显著。

粒度≤80μm 磨细锶渣的早期强度较高,28d 的抗折强度达到 92%,比中度磨细的锶渣高 40%。但是粒度≤80μm 磨细锶渣的细度还是比粉煤灰粗,如果可以磨得更细,强度还有提高的空间。

3.4.2 煅烧改善锶渣活性

未经处理过的锶渣的胶凝作用很弱,因为锶渣化学成分中活性物质占 50% 以上,活性偏低,而煅烧一定温度后的锶渣具有更好的活性。高温煅烧的锶渣的作用之一是提高了锶渣自身的胶凝性能,使其容易受 $Ca(OH)_2$ 等碱溶液的侵蚀,铝硅酸盐骨架被破坏,硅酸根和铝酸根离子溶出,并和 $Ca(OH)_2$ 反应生成水化硅酸钙和水化铝酸钙凝胶,提高了系统的胶凝性能。另外,煅烧使硫酸钙发生不同程度的晶格畸变,溶解活性发生变化。煅烧硫酸钙的溶解度随密度的减小而增加。

将常温锶渣、800℃煅烧不同细度的锶渣粉、外掺入 3% 的石灰粉并 800℃煅烧的锶渣粉、与 1 200℃煅烧锶渣粉(不同冷却方式)做胶砂,试验配合比见表 3-14,分别测试上述不同类型胶砂进行抗压强度和抗折强度,并与标准样强度进行对比,试验结果见表 3-15。

煅烧激发锶渣活性配合比　　　　　　　　　　　　　　表 3-14

试验编号	水泥(g)	废渣类型、含量(g)	水(mL)	标准砂(g)
标准样	450		225	1 350
A	315	135(磨细锶渣煅烧 800℃)	225	1 350
B	315	135(粒径 <80μm 锶渣煅烧 800℃)	225	1 350
C	315	135(磨细锶渣煅烧加石灰 800℃)	225	1 350
D	315	135(1 200℃在水中冷却)	225	1 350
E	315	135(1 200℃在空气中冷却)	225	1 350
F	315	135(无煅烧磨细锶渣)	225	1 350

煅烧锶渣胶砂强度比　　　　　　　　表3-15

试件编号	A	B	C	D	E	F
3d 抗压强度比	0.89	0.95	0.76	0.63	0.58	0.71
3d 抗折强度比	0.85	0.94	0.93	0.42	0.41	0.70
7d 抗压强度比	0.86	0.99	0.97	0.64	0.59	0.75
7d 抗折强度比	0.73	0.80	0.80	0.49	0.47	0.63
28d 抗压强度比	0.73	0.81	0.78	0.53	0.53	0.62
28d 抗折强度比	0.90	0.95	1.01	0.72	0.67	0.86

从表3-14中可以看出：

（1）经过800℃高温煅烧的锶渣抗压强度比高于无煅烧锶渣强度比和经过1 200℃高温煅烧的锶渣强度比。其中粒径<80μm并煅烧800℃的锶渣要优于粒径较粗煅烧800℃的锶渣；800℃煅烧磨细锶渣加入石灰做激发剂要好于没有加入石灰磨细煅烧800℃的锶渣，除了3d的抗压强度比低于粒径<80μm并煅烧800℃锶渣，其他龄期的强度比相差不多。

（2）经过800℃高温煅烧的锶渣早期3d、7d抗压强度比要比28d的高，强度主要是早期形成，后期增长慢。抗折强度比28d可达到90％以上，加入石灰还超过水泥抗折比，可见抗折性能较好。

（3）经过1 200℃高温煅烧的锶渣强度比最低。1 200℃高温煅烧的锶渣通过在水中和在空气中两种方式冷却，其强度比相差0.05左右，可见通过不同的冷却方式得到1 200℃高温煅烧的锶渣基本不会影响胶砂强度，并且成型试件时工作性不好，其强度比正常无煅烧情况下要低很多，大约只是水泥强度的50％，比不煅烧常温下的还要低。

3.4.3　化学激发剂改善锶渣活性

若不使用激发剂，锶渣抗压强度增长缓慢。通过加入酸、碱、盐等化学激发剂对锶渣水泥混合胶凝材料进行化学激发，通过力学性能强度值来看提高的程度。

（1）试验材料及方案

①试验材料。

锶渣：本试验采用的锶渣是磨细锶渣。

白炭黑粉：常州市佳业化工有限公司生产的白炭黑粉。

化学试剂：硅酸钠、氢氧化钠、氯化钙、氯化钠、硫酸、盐酸、硫酸钠均为化学纯。

②配合比。

配合比见表3-16。

化学外加剂锶渣胶砂强度比   表3-16

试验编号	水泥(g)	锶渣(g)	外加剂(g)	水(mL)	标准砂(g)
标准样 P.O	450	—	—	225	1 350
A	315	135	Na_2SiO_4	225	1 350
B	315	135	$Ca(OH)_2$	225	1 350
C	315	135	NaOH	225	1 350
D	315	135	$CaCl_2$	225	1 350
E	315	135	Na_2SO_4	225	1 350
F	315	135	NaCl	225	1 350

（2）试验数据与分析

试验数据见表3-17、图3-22～图3-24。

化学外加剂锶渣胶砂强度试验结果   表3-17

天数	强度(MPa)	P.O	A Na_2SiO_4	B $Ca(OH)_2$	C NaOH	D $CaCl_2$	E Na_2SO_4	F NaCl
3d	抗折强度	4.34	2.14	2.82	3.15	2.84	2.86	3.18
3d	抗压强度	18.45	6.36	9.35	9.13	9.47	9.32	11.93
7d	抗折强度	6.29	3.39	4.00	4.33	4.26	3.99	4.86
7d	抗压强度	26.61	11.34	16.25	11.49	16.61	16.53	19.65
28d	抗折强度	8.70	5.40	6.93	6.43	6.7	6.77	7.48
28d	抗压强度	38.69	24.92	29.03	24.65	35.15	32.05	30.94

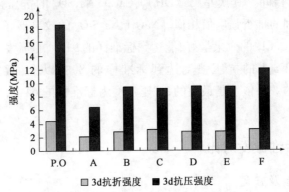

图3-22　化学激发剂锶渣胶砂3d强度图

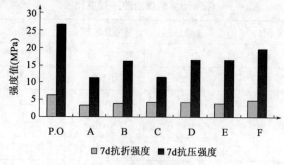

图 3-23 化学激发剂锶渣胶砂 7d 强度图

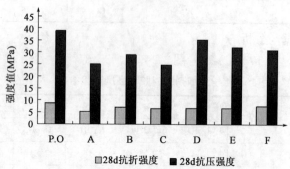

图 3-24 化学激发剂锶渣胶砂 28d 强度图

①从 3d 的抗压、抗折强度看,加入 NaCl 的效果最好,其中抗压强度比高于其他激发剂 15% 左右。NaCl 和 NaOH 作激发剂 3d 的抗折强度比最高,达到标准样的 73%。Na_2SiO_4 的效果最差,其他 4 种效果基本一样。

②7d 依然是 NaCl 的抗压、抗折强度最高,抗压强度达到标准样的 74%,和 3d 抗压强度比基本相同。其次是 $Ca(OH)_2$、$CaCl_2$、Na_2SO_4 的抗压强度达到水泥的 62%,几种外加剂的抗折强度值相似。NaOH、Na_2SiO_4 的效果不好。

③28d 掺入 $CaCl_2$ 的效果最好,能达到标准样的 91%,是激发效果最好的。其次是 Na_2SO_4 和 NaCl 的抗压强度达到标准样的 80% 以上,激发效果也很好。NaOH、Na_2SiO_4 的效果依然是最差的,抗压强度为标准样的 64%,比其他的化学激发剂低 16% 以上。

3.4.4 几种活性激发对比

(1)试验材料及方案

试验材料同前,配合比见表 3-18。

几种激发效果对比配合比　　　　　　　表3-18

编号	A	B	C	D	E
水泥(g)	450	315	315	315	315
锶渣(g)	0	135(磨细)	135(磨细800℃)	135(<80μm)	135(磨细)
激发剂(g)	0	0	0	0	9($CaCl_2$)
标准砂(g)	1 350±5				
水(mL)	225				

(2)试验结果与分析

通过上述煅烧、化学激发剂和粉磨等不同方式对锶渣进行活性激发,都有不同程度的作用。下面对几种方式中最优配比进行比较,试验方案见表3-18。试验数据见表3-19。

几种激发强度比　　　　　　　表3-19

试件编号	A	B	C	D	E
3d 抗折强度比	1.00	0.52	0.85	0.83	0.65
3d 抗压强度比	1.00	0.44	0.89	0.78	0.51
7d 抗折强度比	1.00	0.66	0.73	0.86	0.68
7d 抗压强度比	1.00	0.63	0.86	0.67	0.62
28d 抗折强度比	1.00	0.82	0.90	0.92	0.77
28d 抗压强度比	1.00	0.65	0.73	0.75	0.91

①从表3-19中数据可以看出,磨细的锶渣加入化学激发剂$CaCl_2$的抗压强度效果最好,为基准样的91%,其次是小于80μm细度的锶渣,然后是煅烧800℃的磨细锶渣的胶砂抗折强度在90%以上,但其抗压强度在73%以上。

②从实用角度分析,锶渣磨细是最经济实用的一种激发方法,煅烧和粉磨细度小于80μm都会提高成本,加入化学激发剂效果最好,但是化学激发剂费用较高,而且也不便于运输。所以,后面的试验一般是将未煅烧磨细锶渣和煅烧磨细锶渣做对比,分析锶渣作为胶凝材料替代水泥的其他性能。

3.5　本章小结

(1)锶渣颗粒形貌不规则并非圆球形,磨细锶渣的表观密度与真实密度略高于粉煤灰和矿渣粉;原状锶渣的表观密度和自然堆积密度,低于机制砂。锶渣吸水率高,吸水速度快。

(2)原状锶渣的颗粒级配良好,满足国家标准对细集料颗粒级配范围的规定;

击实后锶渣和碎石的颗粒级配曲线也在砂颗粒级配范围Ⅱ区内,与未击实的锶渣碎石级配比较变化幅度不大,细度略有提高。

(3)锶渣属于碱性水淬渣。煅烧800℃后锶渣碱性略微增强,1 200℃后呈偏中性。锶渣的烧失量从3%到13%变化不等。

(4)由锶渣中CaO、Al_2O_3、SiO_2、SrO及BaO的存在,可以初步断定锶渣具有潜在自硬性及活性物质。锶渣中的硫含量随着煅烧温度的提高先增加后减小,当锶渣煅烧到900℃时达到最高值,当煅烧1 200℃时,锶渣中的硫含量小于3%。由锶渣化学成分元素判断,锶渣中无放射性元素,可以用于生产建筑材料。

(5)通过火山灰试验法测定锶渣的火山灰活性较弱,说明锶渣中的活性成分消耗氢氧化钙的能力较低。

(6)锶渣水泥胶砂28d抗压强度比为68%,大于62%,说明锶渣具有活性效应,可以作为水泥掺和料应用于混凝土和砂浆中。

(7)常温锶渣粉的活性不及煅烧后(除1 200℃)锶渣的活性高,其中600℃、900℃、1 100℃煅烧锶渣活性较好。用机械研磨处理锶盐废渣,细度越细,其活性指数越大。用化学试剂$CaCl_2$进行活化的效果最好,达到水泥胶砂强度的92%。

(8)通过化学、物理、加热煅烧、加入其他工业废渣等激发方式对锶渣进行激发。锶渣经800℃高温煅烧,并配合机械粉磨,可明显提高活性和锶渣砂浆的力学性能。从抗压强度效果分析,加入化学激发剂氯化钙的效果最好;从抗折强度分析,将锶渣煅烧且粒度小于80μm的效果最好,但是机械粉磨、加热煅烧的技术难度较大,现场实现较为困难,从锶渣砂浆性能的提高幅度来看,不够经济。而化学激发活性效果较好,但同时工序的增加、拌和质量难于控制及化工原料成本都将影响锶渣路面的应用推广。结合考虑农村公路的技术等级和交通需求,本书推荐充分利用原状锶渣的部分胶凝特性,将原状锶渣直接应用于农村公路建设。

4 锶渣水泥砂浆配合比与性能

4.1 磨细锶渣做水泥掺和料砂浆性能研究

锶渣由于碱度系数低,本身具有一定的水化硬化的能力,其应用主要限于混凝土的掺和料方面。其活性成分含量高达60%以上,为最大程度利用活性,减少水泥用量,本章立意于在水泥砂浆中使用锶渣作为水泥掺和料。

由于材料硬化体是由浆体经水化后所生成的水化产物组成,因此其所体现的外部性能必然与浆体的水化过程及水化产物的特性有着内在的本质联系,通过试验及理论分析建立起这些联系所表征的规律,寻找常温下锶渣作为水泥掺和料胶砂强度性能的特点是本章研究的重要内容。锶渣粉作为水泥掺和料能否满足一定的强度性能要求,是决定锶渣水泥复合胶凝材料能否得到实际应用最为主要的前提之一。影响锶渣粉做水泥掺和料的强度因素有很多,如水灰比、锶渣粉的成分与用量、养护条件等多种因素。下面就针对以上因素进行介绍和分析。

4.1.1 磨细锶渣需水比

(1)试验目的

需水量是锶渣应用在很多工程中非常重要的物理性能指标。需水量,可以定义为锶渣粉和水的混合物在达到某一流动度的情况下所需的水量,工业废渣(锶粉)的需水量越小,在工程中的利用价值就越高。一般还受细度、颗粒形貌、颗粒级配、密度及烧失量的影响。测定磨细矿渣、粉煤灰等及其复合的混凝土矿物外加剂胶砂的需水量。

(2)试验材料及方案

试验材料:同第3章试验的材料。

配合比:见表4-1。

几种工业废渣需水量配合比　　　　　　表 4-1

编号	A	B	C	D	E	F	G
材料	基准胶砂	常温磨细	常温<80μm	800℃煅烧磨细	<80μm 800℃煅烧	粉煤灰	矿渣
水泥(g)	450±2	315±1	315±1	315±1	315±1	315±1	315±1
矿物外加剂(g)	—	135±1	135±1	135±1	135±1	135±1	135±1
标准砂(g)	1 350±5						
水(mL)	225±1	使受检胶砂流动度达到基准胶砂流动度的 5 倍					

(3)试验数据

需水量比公式为：

$$R_\mathrm{W} = \frac{W_\mathrm{t}}{225} \times 100 \tag{4-1}$$

式中：R_W——受检胶砂的需水量比，%，计算结果取整；

W_t——受检胶砂的用水量，g；

225——基准胶砂的用水量，g。

需水量见表 4-2。

废渣需水量表　　　　　　表 4-2

编号	A	B	C	D	E	F	G
需水量(mL)	225	230	230	240	235	230	220
需水量比(%)	100	102	102	107	104	102	98

(4)数据分析

①从表 4-2 可以看出，煅烧与未煅烧的锶渣粉的需水量比均比水泥的大。煅烧的锶渣需水量比大于未煅烧锶渣的需水量比。

②常温磨细锶渣与粒径小于 80μm 的需水量相同，说明细度不同一般不会影响锶渣的需水量，也能达到规定的流动度。煅烧后磨细与粒径小于 80μm 的需水量不同，粒径小于 80μm 的需水量要小于磨细的煅烧锶渣，说明磨细煅烧的锶渣材质比较粗糙，孔隙多，最容易吸水。

③矿渣的需水量比锶渣的需水量低，粉煤灰的需水量与矿渣粉基本相同，说明两种工业废渣吸水程度相似。

4.1.2 磨细锶渣掺量对砂浆力学性能的影响

(1)试验材料与方案

试验材料如前所述。

配合比见表4-3。

磨细锶渣掺量不同砂浆配合比 表4-3

编号	A	B	C	D	E	F
水泥(g)	450	405	360	315	270	225
锶渣(g)	—	45	90	135	180	225
标准砂(g)	1 350±5					
水(mL)	225					

(2)试验数据

试验数据见表4-4、图4-1、图4-2。

大足锶渣掺量强度表 表4-4

试验编号		A	B	C	D	E	F
水泥掺量(%)		100	90	80	70	60	50
锶渣掺量(%)		0	10	20	30	40	50
3d	抗折强度(MPa)	4.26	3.61	2.67	2.21	1.76	1.30
	抗压强度(MPa)	15.22	14.71	9.11	6.71	4.29	2.17
7d	抗折强度(MPa)	5.61	4.78	3.96	3.72	2.86	2.05
	抗压强度(MPa)	22.18	21.47	20.24	14.03	9.89	6.54
28d	抗折强度(MPa)	7.16	6.72	6.24	5.87	4.87	3.8
	抗压强度(MPa)	33.93	29.38	26.14	22.18	18.35	11.63

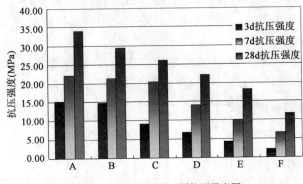

图4-1 大足锶渣掺量不同抗压强度图

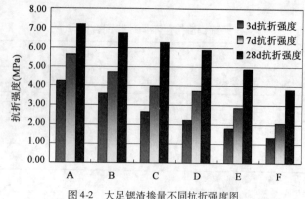

图4-2 大足锶渣掺量不同抗折强度图

(3) 试验分析

① 从表4-4、图4-1、图4-2可以看出,锶渣分别设为10%、20%、30%、40%、50%等量取代水泥,强度随着锶渣掺量的增加逐渐下降,下降呈阶梯形。

② 当掺量为10%时,水泥锶渣胶砂强度大概下降20%;当掺量为50%时,强度下降50%,强度太低,不能保证使用,试件的棱角和边缘有破损的现象,说明锶渣不适合大掺量的替代水泥。所以将采用30%这个掺量对锶渣在水泥砂浆中的其他性质进行研究。

(4) 原因探讨

① 锶渣具有孔隙结构与吸水性,在水灰比一定的砂浆中,部分拌和水吸附于锶渣孔隙中,以至浆液因水分减少而变为浓稠,砂浆流动性因此降低。

② 锶渣的不规则状颗粒,会增加浆体的内部摩擦力,降低胶砂流动性。

③ 锶渣的颗粒细度达不到水泥的颗粒细度,可能会影响锶渣的活性。

④ 从火山灰物质反应特性而言,火山灰质中的氧化硅,其水化产物水化硅酸钙的胶体强度与水泥近似,但反应速率缓慢;氧化铝水化反应速率虽十分快速,产成的钙矾石的强度却很低。另外,锶渣中有效的火山灰物质含量较水泥、粉煤灰、矿渣少。

综合以上4项因素,本书认为固定的水灰比下,锶渣取代部分水泥,由于锶渣颗粒具有吸水性、颗粒形态不规则、含有活性物质等,将造成胶砂强度下降,工作性降低。

4.1.3 养护条件对磨细锶渣砂浆强度的影响

(1) 试验材料

磨细锶渣:同前所述。

锶渣水泥砂浆配合比与性能

细度:负压筛筛余量42.3%。
水:自来水。
水泥:地维水泥厂生产的 P.O 325 号水泥。
砂:标准砂。

(2)试验方法及方案

通过三种养护条件,水中标准养护(温度20℃±1℃,在水中,简称水中标养)、潮湿条件养护(温度20℃±1℃,湿度90%,在空气中,简称空中标养)、自然养护(放在自然条件下,随天气变化温度和湿度,简称自然标养),测试各个养护龄期的胶砂,探寻不同养护方式及龄期对锶渣混合料强度增长规律的影响,提出锶渣混合料最佳的养护方式。试验配比见表4-5。

不同养护条件锶渣水泥胶砂配合比   表4-5

试验编号	水泥(g)	锶渣类型、含量(g)	水(mL)	标准砂(g)
A	450	—	225	1 350
B	315	135(常温磨细)	225	1 350
C	315	135(800℃煅烧)	225	1 350

(3)试验数据

试验数据见表4-6、图4-3~图4-8。

锶渣水泥胶砂长期强度表(单位:MPa)   表4-6

编号		A1	A2	A3	B1	B2	B3	C1	C2	C3
养护条件		水中标养	自然标养	空中标养	水中标养	自然标养	空中标养	水中标养	自然标养	空中标养
龄期	3d 抗折强度	3.52	4.43	4.51	2.57	2.17	2.24	2.19	1.60	2.90
	3d 抗压强度	13.59	14.27	15.39	8.64	8.67	8.84	7.81	10.47	10.86
	7d 抗折强度	4.62	4.85	5.64	3.15	2.49	2.04	2.01	3.39	3.71
	7d 抗压强度	20.23	20.55	22.03	12.73	13.13	11.02	8.91	16.02	16.02
	30d 抗折强度	7.23	6.27	7.53	5.81	4.25	4.30	4.74	3.60	5.33
	30d 抗压强度	31.53	30.13	30.48	21.33	18.53	17.28	21.63	16.44	21.52
	60d 抗折强度	8.05	7.00	7.80	6.21	4.58	6.17	6.84	4.72	6.16
	60d 抗压强度	38.27	34.56	37.45	28.86	23.78	25.78	28.38	23.05	28.27
	90d 抗折强度	8.33	7.72	8.31	6.15	6.31	8.19	7.17	5.55	6.45
	90d 抗压强度	39.53	34.22	41.41	27.42	25.31	28.36	26.25	25.23	27.03

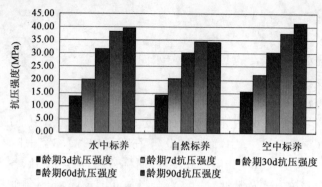

图 4-3　水泥胶砂在三种养护条件下抗压强度图

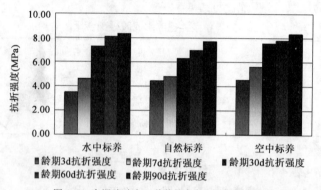

图 4-4　水泥胶砂在三种养护条件下抗折强度图

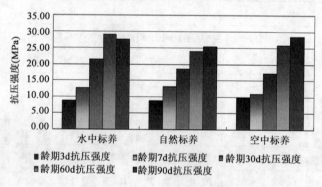

图 4-5　锶渣水泥胶砂在三种养护条件下抗压强度图

（4）试验分析

从表4-6、图4-3～图4-8可知，水泥砂浆、常温磨细锶渣水泥砂浆、800℃煅烧锶渣水泥砂浆在水中标准养护、潮湿条件养护、自然养护三种养护条件下，各龄期强度没有明显的变化。

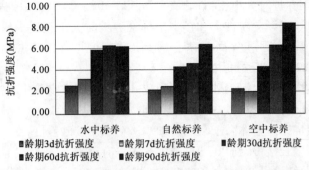

图 4-6　锶渣水泥胶砂在三种养护条件下抗折强度图

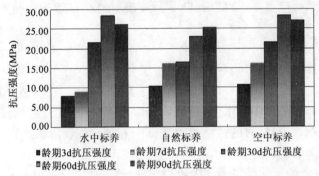

图 4-7　800℃煅烧锶渣水泥胶砂在三种养护条件下抗压强度图

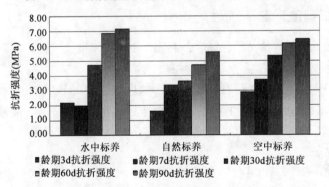

图 4-8　800℃煅烧锶渣水泥胶砂在三种养护条件下抗折强度图

①水泥砂浆 3d、7d 早期强度值,在空气中标准养护时最大,在水中标准养护时最小;30d、60d 变为在水中养护时强度值最高,但到 90d 时空气中标准养护强度高。总体上看,在潮湿空气中或水中,水泥有利于强度的增长,在自然条件下养护,由于湿度不够,温度较高,不利于水泥水化,水化产物少,影响胶砂强度。

②锶渣水泥胶砂 3d、7d 早期强度,在空气中标准养护时最小,在水中标准养护

和在自然条件下养护时大小相当；锶渣水泥胶砂30d、60d、90d后期强度,在自然条件下养护时最低,在潮湿条件下和在水中标准养护时大小相近。从60d到90d,抗压强度增加缓慢,抗折强度在水中养护时基本没有增长,在空气中标准养护时增长快,与水泥胶砂90d抗折强度相当。

③800℃煅烧锶渣水泥胶砂3d、7d和30d的强度值在空气中标准养护时最高,到后期60d、90d的强度值在水中标准养护时最好。

④800℃煅烧锶渣整体高于常温磨细锶渣粉水泥胶砂强度,在早期强度形成较快,到后期强度增长缓慢,到90d时,强度基本没有增长。

从上述试验结论可知,水泥和800℃煅烧的锶渣及常温锶渣养护条件相似,都是在水中养护时强度最高。可以判断三种胶凝材料在自然条件养护下,不利于强度的形成。

(5)原因分析

在自然条件下(随着环境、天气等因素变化温度和湿度),温度不稳定,湿度没有其他两种养护时大,不利于材料水化,影响强度的形成。在自然养护条件下由于蒸发和自干燥而失去过多的水分,导致内部湿度下降,水化速度减慢甚至停止,强度发展也被抑制,胶凝材料的强度也因此低于其潜在强度。说明锶渣不属于气硬性材料。水泥和800℃煅烧的锶渣养护条件相似,且强度一般高于锶渣强度,说明800℃煅烧的锶渣的水化反应要比锶渣好,胶凝性更强。

4.1.4 磨细锶渣砂浆干缩性能研究

通过锶粉水泥胶砂的收缩试验了解锶粉水泥的体积稳定性。

(1)试验材料

锶渣:重庆大足红蝶锶业有限公司的锶盐废渣粉($80\mu m$筛通过率为46%),化学成分同前;水泥:维水泥厂生产的325号普通硅酸盐水泥;水:自来水;砂:标准砂;粉煤灰:重庆珞璜电厂,二级粉煤灰;矿渣:重庆环亚建材有限公司,二级。

(2)试验方法

按T 0506—2005水泥胶砂强度检验方法成型水泥胶砂试件,采用40mm×40mm×160mm的长方体试件,每个配合比制备三组试件,在三种不同的养护条件下养护。

①水中养护:温度为(20 ± 1)℃,将试件放在水中。

②自然条件下养护:放在建材实验室,实验室开着窗户与外界的温度湿度一致。

③标准条件下养护:养护温度(20 ± 1)℃,湿度大于或等于90%。

试件成型一天后拆模,分别在三种不同的养护条件下养护。

(3) 试验配合比

配合比见表4-7。

锶渣水泥胶砂干缩试验配合比表 表4-7

试验编号	养护条件	水泥(g)	废渣类型、含量(g)	水(mL)	标准砂(g)
SA1	水中养护	315	135(常温磨细锶渣)		
SB1	水中养护	315	135(煅烧800℃磨细渣)		
SA2	自然养护	315	135(常温磨细锶渣)		
SB2	自然养护	315	135(煅烧800℃磨细渣)	225	1 350
SA3	标准养护	315	135(常温磨细锶渣)		
SB3	标准养护	315	135(煅烧800℃磨细渣)		
F1	水中养护	315			
F2	自然养护	315	135(粉煤灰)		
F3	标准养护	315			
K1	水中养护	315			
K2	自然养护	315	135(矿渣)		
K3	标准养护	315		225	1 350
C1	水中养护				
C2	自然养护		450(水泥)		
C3	标准养护				

(4) 试验结果

试验结果见图4-9~图4-11。

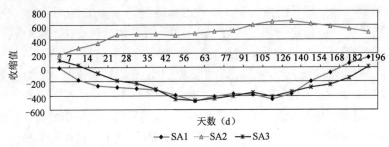

图4-9 常温磨细锶渣水泥胶砂收缩值图

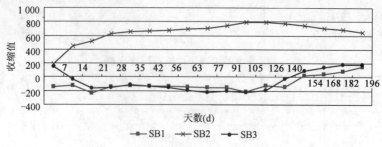

图4-10 煅烧800℃磨细锶渣水泥胶砂收缩值图

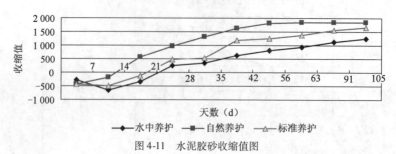

图4-11 水泥胶砂收缩值图

(5)试验分析与机理研究

①数据分析。

a.常温磨细锶渣在自然条件下养护,一直呈收缩发展趋势,早期28d前收缩增大明显,之后增长缓慢;140d之后将自然养护条件下的试件与水中标养的试件调换养护环境,试件的收缩值下降。在水中养护和在潮湿条件下养护的试件,早期一般由收缩转为膨胀,35d前水中养护的膨胀值大于在潮湿条件下的膨胀值,35d后仍呈膨胀性,但是膨胀值变化不大。140d后水中养护试件放入自然条件下养护,由膨胀性逐渐变为收缩,收缩值大于在潮湿条件下养护的试件。

b.800℃煅烧磨细锶渣在三种养护条件下的干缩趋势与未煅烧的锶渣基本一致,但是煅烧800℃磨细锶渣的收缩值比常温没有煅烧的高。在早期28d前收缩值增长快,后期收缩值增长缓慢,到126d收缩值达到最大。在水中标准养护,一开始就呈膨胀性,膨胀值稳定,到140d与自然条件下养护的试件交换,逐渐呈收缩趋势。在潮湿空气中养护的试件,开始呈收缩性,到140d后呈膨胀性,且膨胀值与在水中标养的膨胀值基本相同,与常温磨细锶渣比膨胀值小,到后期也逐渐呈收缩趋势。

c.从图4-9～图4-11可知,水泥在三种养护条件下的干缩试验,早期出现膨胀,到35d左右开始呈收缩趋势,收缩值逐渐增加,大约是锶渣收缩值的两倍。水泥在自然养护条件下收缩值最大,其次是在潮湿空气中养护,最小是在水中养护。锶渣的收缩系数远远低于水泥,所以这种材料比较适合用于路基,可防止反射裂缝的产生。

锶渣胶砂收缩见图4-12。

②试验机理研究。

a. 养护条件对收缩试件的影响。

试验按照锶渣：水泥较优掺量3∶7的配合比制作胶砂试件，采用标准养护（温度20℃±2℃，相对湿度大于90%）、自然养护（温度30℃±5℃，相对湿度小于30%）和水中养护（温度20℃±1℃）三种养护方式对锶渣水泥胶凝材料的收缩性能进行试验分析。从各龄期的发展来看，自然养护收缩＞标准养护收缩＞水中养护收缩，其原因是不同养护条件下湿度造成的干缩变形不同。养护条件对锶渣性能的影响较大。

图4-12　锶渣胶砂收缩图

干燥收缩是无机结合料稳定材料因内部含水率变化而引起整体宏观体积收缩的现象。随含水率 w 的减少，无机结合料稳定材料依次经受了毛细管张力作用、吸附水和分子间力作用及层间水作用。由于无机结合料稳定碎石材料均为多孔结构的材料，水以各种形式存在于其内部：有结构水（层间水、结晶水等）、表面吸附水（结合水），毛细管水（包括材料内部颗粒之间孔隙、胶结物和各种矿物团粒内部孔隙间的孔隙毛细水）。这些水的蒸发会引起材料宏观上的干燥收缩。为此，影响其内部水蒸发的因素无疑也是影响整体材料干燥收缩的因素。其基本原理是由于水分蒸发而发生的毛细管张力作用、吸附水及分子间力作用、矿物晶体或凝胶体的层间水作用、炭化脱水作用而引起的整体宏观体积变化。干燥收缩有三个作用过程，即毛细管张力作用、吸附水和分子间力作用及层间水作用。

• 毛细管张力作用。

毛细管张力作用中，一般首先散失的是大孔隙中的重力水，这种形式的水分的蒸发引起水泥稳定碎石材料宏观体积的收缩较小，基本上可以不予考虑。接着就是毛细孔隙中水的散失，半刚性基层材料毛细管中水的弯液面存在毛细管张力，以压力的形式作用于毛细管壁，其大小与毛细管的半径成反比。当水分蒸发时，毛细管水面下降，弯液面的曲率半径变小，致使毛细管压力增大，从而产生收缩。在毛细管张力作用的后期，随着相对湿度的继续变小，吸附水和分子间力开始起作用。这时随着固相物质表面吸附水的逐渐解附，颗粒表面的吸附水膜变薄，颗粒间距离进一步变小，分子引力逐渐增大，从而引起水泥稳定碎石材料宏观体积进一步缩小。

· 47 ·

- 吸附水和分子间力作用。

要深入分析吸附水和分子间力的作用机理,要认清固体表面的吸附原理。固相表面由于表面层分子和内部分子受力不同,表面层分子存在不饱和力场,对周围有吸引作用。由土质学理论可知:胶粒聚结与分散的两种倾向性是由颗粒间的分子引力与反离子的斥力和溶剂化作用所决定的。胶粒间的吸附与斥力均随其距离的增大而减小,其中吸附力减小的速率较快。因此,当两胶粒相距较近时,一旦吸附力大于斥力则胶体就发生聚结。

- 层间水作用。

毛细水、吸附水大部分蒸发后,随着相对湿度的继续减小,分子力增大,导致其宏观体积进一步收缩。其收缩量要比毛细管作用的影响大得多。但这一增强趋势也是有限度的,这是由于颗粒间同时也存在着排斥力,随着颗粒间距的进一步减小,吸附水分子间的力作用到达最大值开始逐渐减弱,在吸附水和分子间力的影响减弱的过程中,层间水的作用开始明显。对材料收缩起作用的是层间水,因为稳定碎石材料中含有大量层状结构的晶体或非晶体,如黏土矿物、C—S—H 凝胶、C—A—H 结晶体、$Ca(OH)_2$ 等物质。层状晶体特别是晶体层间范德华键连接的层状晶体,晶胞间夹有大量层间水及水化离子,随着相对湿度下降,层间水蒸发,晶胞间距变小,故层间水作用会引起材料收缩,但是层间水的作用会随含水率的减少而逐渐削弱或消失。

b. 锶渣的成分对收缩的影响。

锶渣中的化学成分主要有 CaO、Al_2O_3、$CaSO_4$ 等,其中 $CaO—Al_2O_3—CaSO_4—H_2O$ 四元系统中唯一稳定的四元复盐是钙矾石,它具有广泛的析晶范围。锶渣水泥胶凝体系中,早期的水化产物中钙矾石的含量高,而钙矾石的吸水肿胀作用会导致胶凝体系的膨胀。

膨胀机理:锶渣中的主要成分为 $Ca(OH)_2$ 与 SO_3 反应生成的 $CaSO_4 \cdot 2H_2O$,$CaSO_4 \cdot 2H_2O$ 与水泥水化反应生成的 $C_4A \cdot H_{13}$ 反应生成 $3C_3A \cdot 3CaSO_4 \cdot 32H_2O$,而经反应后钙矾石的体积比水化铝酸钙 $C_4A \cdot H_{13}$ 增加 1.5 倍。其反应式为:

$$Ca(OH)_2 + SO_4^{2-} \longrightarrow CaSO_4 \cdot 2H_2O + OH^- + H_2O \tag{4-2}$$

$$CaSO_4 \cdot 2H_2O + C_4A \cdot H_{13} \longrightarrow Ca(OH)_2 + 3C_3A \cdot 3CaSO_4 \cdot 32H_2O \tag{4-3}$$

4.1.5 磨细锶渣砂抗冻性能研究

水泥砂浆材料是包含细集料和水泥等固体颗粒物质,游离水和结晶水等液体,以及气孔和缝隙中的气体等的非匀质、非同相的混合材料。其内部的孔隙是其施工配制和水泥水化凝固过程的必然产物,因其产生的原因和条件不同,孔隙的尺寸、数量、分布和孔形等多有区别,故对渗透性有很大影响。

通过锶粉水泥胶砂的抗冻试验了解锶粉水泥的耐久性能。

(1)试验方法

制备4组40mm×40mm×160mm的锶渣水泥胶砂长方体试件。将试件在标准养护条件下(温度20℃±1℃,湿度大于或等于90%)养护26d,再在温度20℃±1℃的水中养护两天后在建材实验室的恒温箱内进行抗冻试验。在－20℃冻4个小时,在20℃水中融化一夜。抗冻融次数为40次。

(2)试验配合比及数据

试验配合比及数据见表4-8、表4-9。

锶渣水泥胶砂抗冻试验配合比　　　　　　　　　　　　　表4-8

试验编号	水泥(g)	锶渣类型、含量(g)	水(mL)	标准砂(g)
A	450	—	225	1 350
B	315	135(常温磨细)	225	1 350
C	315	135(煅烧800℃)	225	1 350

锶渣水泥胶砂抗冻试验数据　　　　　　　　　　　　　　表4-9

试验编号	对比强度(MPa)	抗冻循环强度(MPa)	强度损失率(%)	质量损失率(%)
A	35.86	29.14	18.74	0.05
B	21.09	15.08	28.52	0.16
C	23.28	17.97	22.82	0.11

(3)试验分析

从表4-9中可知,水泥的强度损失率最小,其次是800℃煅烧锶渣水泥,强度损失率最大的是锶渣水泥胶砂。质量损失率按水泥、800℃煅烧锶渣水泥、常温磨细锶渣水泥依次增加,与强度损失率的规律相同。煅烧锶渣和常温锶渣的抗冻性均不及水泥,相差4%~10%。800℃煅烧锶渣水泥胶砂的强度值比常温锶渣水泥胶砂的大,抗冻性也好。

4.2　锶渣做集料掺和料的砂浆性能研究

研究表明,锶矿废渣是一种具有较为特殊性能的工业副产品。从化学组成看,锶矿废渣活性组分相对较少,活性相对较低,并含有一定量的$CaSO_4$和一定量的氧化锶,且$CaSO_4$对其体积稳定性有较大影响。激发其他工业废渣活性的常用方法对其活性激发效果不理想,表明锶矿废渣作为胶凝材料或混凝土的掺和料,可能存在活性低的问题。同时,从物理性能看,锶渣有吸水率较大、颗粒形貌不规则、坚固性较差,体积稳定性差和需水量大等缺点,用作混凝土的细骨料可能存在骨料坚固性不足、新拌混凝土工作性差以及耐久性差等问题。

因此,将锶渣应用于建材有较大的难度,但前面的研究表明,如能合理利用锶渣的膨胀性能,锶渣应用在建材又有一定的优势,可以部分补偿水泥水化的收缩;作为活性骨料可以改善骨料与水泥浆体界面的结构性能。因此,本节试图寻找合理利用锶渣特性的方法,将其应用于道路建设。

由前文研究可知,磨细的锶粉具有火山灰活性,且由于其成分中含有氧化锶及硬石膏,可组成一个自激发系统,且具有一定的自硬性,所以将原状渣用于水泥砂浆中的方法是可行的。再加上由于锶渣中有三氧化硫,有补偿收缩的性能,若正确使用可减少砂浆的开裂。锶渣的密度较小,是一种多孔内部结构特征的材料,所以它具有隔热保温功能;轻集料水泥砂浆的自重轻,在相同强度等级下,自重要较普通混凝土轻10%左右,具有很好的应用前景。

目前,锶矿在我国大部地区分布广、储量丰富,该矿种是生产锶盐(碳酸锶)产品的原料,锶盐生产过程中会产生大量的废渣,既得不到合理利用,又污染环境,如果能发掘其路用价值,将其开发用于修建公路,无论从环保还是降低工程造价的角度看,都将具有重要意义。

砂浆是由胶凝材料、细骨料、水和外加剂按一定比例配制而成的。原状锶渣级配符合中砂级配要求,本文用锶渣来替代砂,研究其性能。

由锶渣的自身性能可以看出,锶渣的吸水性较强,是一种亲水材料,会对水泥砂浆的工作性有一定影响。用锶渣替代部分砂,测试水泥砂浆试件的强度、弹性模量、抗冻性能,评价锶渣体积稳定性和砂浆耐久性。

参考国内外文献,确定水泥砂浆的配合比,要求砂的细度模数控制在2.3 ~ 3.0,见表4-10。

水泥砂浆配合比　　　　　　　　　表4-10

等　级	配合比
	水泥:砂:水
M10	418.41:1 688.8:360 = 1:4.18:0.86
M15	453.54:1 668.98:340 = 1:3.68:0.75

注:M10、M15中的砂为特细砂:机制砂 = 46:54的混合砂。

4.2.1 锶渣掺量对砂浆稠度的影响

以机制砂为基础,锶渣分别按机制砂质量的20%、40%、60%替代。锶渣水泥砂浆用量与稠度试验结果见表4-11。

掺锶渣的水泥砂浆稠度(单位:mm)　　　　表4-11

强度等级	锶渣掺量(%)			
	0	20	40	60
M10	106	100	83	63
M15	107	102	85	52

由表4-11得出,在水泥砂浆用水量不变的情况下,水泥锶渣砂浆稠度随着锶渣掺量的增加而降低。分析认为由于锶渣的吸水性较大,故稠度降低。

4.2.2 锶渣掺量与砂浆强度的影响

(1)砂浆立方体抗压强度试验

砂浆立方体抗压强度是指将砂浆制成 70.7mm × 70.7mm × 70.7mm 的立方体试件,在(20 ± 3)℃温度和相对湿度为 60% ~ 80% 的条件下养护 28d,按规定方法测得单位面积上所承受的压力。

按 7d 和 28d 两个龄期测设计强度为 M10、M15 的水泥砂浆立方体抗压强度,试验结果见表4-12和图4-13。

掺锶渣的水泥砂浆立方体抗压强度结果(单位:MPa)　　表4-12

强度等级及养护条件		锶渣掺量(%)			
		0	20	40	60
M10	7d	11.3	9.9	5.9	1.6
	28d	13.8	12.5	11.6	10.9
M15	7d	13.4	11.3	8.1	2.9
	28d	18.1	15.4	14.1	11.9

注:表中为锶渣按20%、40%、60%的比例代替机制砂(特细砂:机制砂 = 46:54)的水泥砂浆强度。

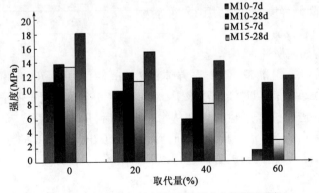

图4-13　锶渣替代机制砂的水泥砂浆立方体抗压强度

（2）试验结果分析

①由表 4-11 可知,掺了锶渣的水泥砂浆的抗压强度较低,如强度等级为 M10 的 7d 强度只有 1.6MPa,按强度等级要求要达到配合比强度的 80%（6MPa）,远远达不到要求强度。

产生的原因如下：

a. 为了达到配合比的稠度要求,用水量过大,而导致抗压强度过低,可考虑加减水剂等方法减少用水量。

b. 捣实问题,采用人工拌和,很有可能是拌和不够均匀,所以以后的试验改用振动台振实,机器拌和,效果会有所提升。

c. 锶渣的需水量太大,所有水分被锶渣吸走,水泥没有进行水化,致使其强度不能增长。

②由图 4-13 可知,掺锶渣的水泥砂浆强度的增长速度明显比没掺的要快,这表明其具备了一定的火山灰活性及力学特征,使得水泥砂浆的强度明显提高。但是设计强度为 M10、M15 的 7d 强度基本不符合要求,28d 强度符合要求,表明强度后期增长快。M15 的强度全部合格,但是掺量为 40%和 60%的 M15 不符合强度要求。强度随着掺量的增加而降低,变化趋势与锶渣水泥胶砂的基本一致,当掺量在 60%时保持需水量不变,相对于增加锶渣的锶渣水泥砂浆来说很干,勉强成型,后期的强度基本没有增长。本书建议随着锶渣含量的增加,增加含水率及添加减水剂。

4.2.3 锶渣砂浆抗冻性能研究

为研究砂浆在低温情况下的性能,进行了砂浆立方体试件的快冻试验。材料的抗冻性解释为:在吸水和饱和面干状态下,能经受多次冻融循环作用而不破坏,同时也不严重降低强度的性质,用"抗冻等级"表示。

（1）试验材料及方法

试验材料：如前所述。

试验方法：每一组准备 12 个立方体试件（试件尺寸为 70.7mm × 70.7mm × 70.7mm）,在第 26 日龄期时浸于清水中,28d 时,将 6 个试件用于做抗冻试验,其余 6 个用作对比。进行抗冻试验的试件从水中取出后,用湿布擦干,称重,置于冷冻箱内,当温度降至 -15℃后,开始记录时间,4h 后取出,于 20℃ 的水中融化 4h 以上,为一次冻融循环,用同样的方法进行以后的循环。

（2）试验数据

由于时间的关系,只对试件进行了 10 次冻融循环。表 4-13、表 4-14 分别为

M10、M15强度下不同锶渣掺量的试验结果。抗冻试验质量损失结果见表4-15,质量损失率见图4-14。

M10抗冻试验强度结果　　　　　　　　　　　　　表4-13

掺锶渣量(%)	原始强度(MPa)	冻融强度(MPa)	强度残留(%)
0	21.600	19.13	88.59
20	17.39	17.22	99.055
40	16.17	16.08	99.39
60	4.405	3.49	78.73

M15抗冻试验强度结果　　　　　　　　　　　　　表4-14

掺锶渣量(%)	对比强度(MPa)	冻融强度(MPa)	强度残留(%)
0	24.62	22.12	89.86
20	22.45	22.32	99.42
40	21.60	21.53	99.70
60	19.90	19.72	90.09

抗冻试验质量损失结果　　　　　　　　　　　　　表4-15

强度(MPa)	掺量(%)	编号	零次循环的质量(g)	十次循环的质量(g)	质量损失率(%)
M10	0	1	845.5	844.5	0.12
		2	840.3	839.2	0.13
		3	849.9	848.8	0.13
	20	1	799.7	798.5	0.15
		2	802.6	800.2	0.30
		3	821.7	819.6	0.26
	40	1	778	775.2	0.36
		2	785.8	781.8	0.51
		3	782	777.5	0.58
	60	1	674.2	671.3	0.43
		2	685.6	683	0.38
		3	667.7	665.2	0.37

续上表

强度 (MPa)	掺量 (%)	编号	零次循环的 质量(g)	十次循环的 质量(g)	质量损失率 (%)
M15	0	1	826.8	826.1	0.08
		2	857.4	856.5	0.10
		3	868	867.2	0.09
	20	1	812.6	811.5	0.14
		2	816.1	814.8	0.16
		3	815.8	814.6	0.15
	40	1	813.3	811.2	0.26
		2	777.6	775.5	0.27
		3	792.8	790.8	0.25
	60	1	760.3	758.9	0.18
		2	773.4	772	0.18
		3	765.9	764.3	0.21

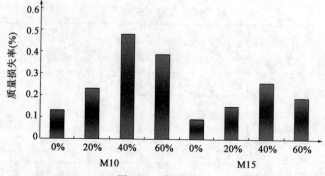

图 4-14 质量损失率

(3)试验分析

由表 4-13～表 4-15、图 4-14 可知，锶渣水泥砂浆冻融 10 次后，强度略有下降，但幅度不是很大，强度残留值都在 86% 以上。这是因为锶渣微观构造为似蜂窝状多孔玻璃体，空隙率较大，所以抗冻效果比较好。M10、M15 的三个掺量(20%、40%、60%)中，中间两个掺量的强度损失率小，没有掺加锶渣的水泥砂浆强度损失率达到 1% 以上，而掺加锶渣的水泥砂浆强度损失率不到 1%，说明锶渣水泥砂浆的空隙多，利于抗冻。但在掺量为 60% 时，本身拌和时含水比较少，成型困难，所以表面空隙外露，连接性差，抗冻性自然受到影响。

5 锶渣基层混合料组成设计及性能评价

通过对锶盐废渣物理化学特性的研究,认为锶渣是一种活性较高的碱性水淬渣,且级配较好。根据目前我国西部地区农村公路路面基层和底基层常用的材料,初选锶渣+碎石、锶渣+土、锶渣+石灰+碎石、锶渣+水泥+碎石、锶渣+土+碎石、锶渣+石灰+土等不同类型混合料进行强度成型试验。经过反复筛选,选择水泥锶渣碎石和石灰锶渣碎石作为基层混合料,选择锶渣混凝土作为硬化面层材料。下面分别对三种材料的混合料组成设计及路用性能进行系统研究。

5.1 水泥锶渣碎石基层

5.1.1 水泥锶渣碎石混合料配合比

(1)原材料性质

①水泥。

选用重庆产地维牌 P.O 325 号水泥,其主要技术性质测定结果见表 5-1。

水泥的技术性质测试结果 表 5-1

材料名称	强度(MPa)		安定性(mm)	凝结时间(min)	
	3d	28d		初凝	终凝
地维牌 P.O 325 号水泥	21.96	40.4	合格	183	418

②集料。

a. 粗集料。

试验所用的粗集料来源于重庆市大足县古龙乡,经检测压碎值为 22.6%。筛分结果见表 5-2,技术性能指标见表 5-3。

碎石筛分结果 表 5-2

筛孔尺寸(mm)	31.5	19	9.5	4.75	2.36	0.6	0.075
通过百分率(%)	92	49	28	25	21	12	1

碎石主要性能指标　　　　　　　　　表 5-3

表观密度（g/cm³）	压碎值（%）	含泥量（%）	细长扁平颗粒含量（%）
2.73	22.6	2.7	17.4

b. 锶渣。

锶渣的物理化学性质见第 2 章。

(2)最佳水泥剂量的确定

在水泥的用量上,如果单从强度增长看,水泥的用量越大,混合料的强度越高。关于水泥的合理掺量,张登良和郑南翔已经证明:水泥稳定类基层,当水泥含量为 5%~6%时,抗温缩干缩的性能都是最好的;当水泥含量为 7%时,抗裂性能反而降低;当水泥含量为 3%时,抗温缩性能急剧下降,因此水泥的含量一般应以 4%~6%为宜。本书为了研究得到水泥锶渣碎石基层合理的水泥掺量,先对水泥稳定锶渣进行无侧限抗压强度试验和直剪试验,再应用比表面积法对试验结果进行反算,得到水泥锶渣碎石基层的最佳水泥掺量。

①水泥锶渣混合料的无侧限抗压强度试验。

不同水泥用量的水泥锶渣混合料的 7d 无侧限抗压强度见表 5-4。

水泥锶渣 7d 无侧限抗压强度试验结果　　　　表 5-4

水泥掺量（%）	0	10	12	14	16
抗压强度（MPa）	0.33	1.34	1.53	1.73	1.85

由表 5-4 可以看出:纯锶渣材料 7d 无侧限抗压强度很低,只有 0.33 MPa。随着水泥掺量不断提高,水泥锶渣材料抗压强度随之提高。当水泥剂量采用 12%以上时,水泥锶渣材料强度满足无机结合料强度要求。

有关成果表明,水泥稳定类材料中水泥剂量的大小不但影响其强度,还影响其收缩性能。一般认为,随着水泥剂量的增加,水泥稳定材料的强度继续增加,但其收缩系数也随之加大。这会使得水泥稳定材料结构层在使用过程中,当外界温度发生变化时产生温缩裂缝的概率大大增加,缩短道路使用寿命。因此,在能够满足规范规定的强度要求条件下,应该尽量减少混合料中的水泥用量,这样无论对减少基层、底基层的收缩性,还是对工程造价的节约都是有益的。因此,确定水泥锶渣材料的水泥剂量为 12%。

②水泥锶渣混合料的直剪试验。

取水泥掺量为 12%的水泥锶渣混合料做试件。在 4 种条件下进行养护,分别是在空气中养护、用塑料膜包裹在空气中养护、养护室中养护、养护室中包裹塑料袋养护。对养护好的试件做 3d、7d、14d 直剪试验,测定出各种混合料的抗剪强度

τ、黏聚力 c 以及内摩擦角 φ。表 5-5 所示为不同龄期的黏聚力和内摩擦角测试结果。图 5-1～图 5-3 为不同龄期的抗剪强度试验结果。

12%水泥锶渣材料直剪试验结果　　　　　　　　　　表 5-5

龄期	养护条件	黏聚力(kPa)	内摩擦角(°)
3d	空气中	215.46	25.2
	塑料袋中	191.84	24.3
	养护室中	158.59	25.85
	养护室中包塑料袋	131.01	25.9
7d	空气中	265.55	27.8
	塑料袋中	227.75	24.04
	养护室中	93.555	29.9
	养护室中包塑料袋	101.12	31.6
14d	空气中	283.5	29.3
	塑料袋中	216.41	28.9
	养护室中	128.52	25.3
	养护室中包塑料袋	124.74	24.6

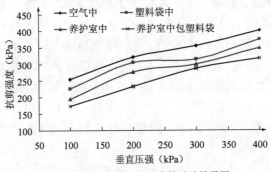

图 5-1　12%水泥锶渣 3d 直剪试验结果图

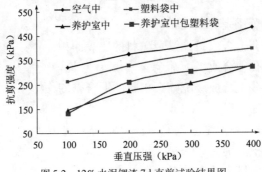

图 5-2　12%水泥锶渣 7d 直剪试验结果图

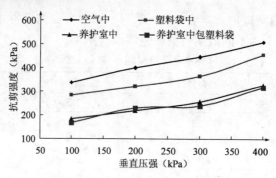

图 5-3 12%水泥锶渣 14d 直剪试验结果图

由表 5-5 可以明显看出:随养护条件以及龄期的变化,水泥锶渣材料的内摩擦角变化不大,主要稳定在 24°~29°之间。黏聚力随养护条件的不同而不同:在空气中养护的试件黏聚力最大,3d 时黏聚力就可以达到 215.46kPa,用塑料袋包裹在空气中养护的试件次之,用塑料袋包裹放在养护室养护的试件黏聚力最差。在各种养护条件下,黏聚力都随龄期的增长而增长。

③水泥锶渣碎石材料的水泥剂量反算。

水泥锶渣碎石混合料类似于水泥稳定土材料。水泥在加入锶渣中并加水拌和后,水泥中的各种活性成分与水发生水解和水化反应生成水化硅酸钙和水化铝酸钙。这些水化产物包裹锶渣颗粒表面,黏结硬化形成强度。水泥锶渣碎石材料强度形成原理与水泥锶渣材料基本类似,都是由水泥浆体包裹集料表面凝结硬化形成。现根据矿料单位比表面积裹附水泥浆量相等来反算水泥锶渣碎石材料的最佳水泥剂量。

集料比表面积等于每个筛孔上的集料比表面积之和,矿料比表面积计算公式为:

$$S = \sum S_i = \sum \frac{6P_i}{\Delta D_i} \tag{5-1}$$

式中:S——矿料的总比表面积,cm^2;

S_i——每一筛孔上合成级配筛余矿料的比表面积,cm^2;

P_i——每一筛孔上合成级配筛余含量,%;

Δ——每一筛孔上合成级配筛余矿料的混合密度,g/cm;

D_i——相应的筛孔尺寸,cm。

用式(5-1)及表 3-4 中锶渣级配、表 4-2 中碎石级配可以计算得到单位体积锶渣和碎石的比表面积分别为 546.996cm^2、31.213cm^2。再由式(5-2)计算得出水泥锶渣碎石中的水泥剂量为 5.2%。

$$\frac{C_a}{S_a} = \frac{C_b}{S_b} \tag{5-2}$$

式中：C_a——a 种材料水泥剂量；
C_b——b 种材料水泥剂量；
S_a——单位体积 a 种材料的比表面积；
S_b——单位体积 b 种材料的比表面积。

综合考虑水泥锶渣碎石基层在农村公路中应用的目的，并参考当前施工中水泥稳定类基层 5% 的常用掺量，确定室内试验的水泥含量为 5%。

（3）配合比设计

①碎石级配。

由锶渣的筛分结果可知，锶渣细度模数与中粗砂相当，在重庆大足缺砂的情况下，结合农村公路交通量小的实际，拟用锶渣替代中粗砂掺入基层混合料中，这样既解决了机制砂不足的问题，又解决了锶盐废渣处置的问题，同时还降低了工程造价。粗集料（>4.75mm 碎石）的级配组成，分别取悬浮密实型和骨架密实型两种类型级配的上限、中值和下限，得到 6 个粗集料级配，分别为：悬浮密实上限（简记为 XFS）、悬浮密实中值（简记为 XFZ）、悬浮密实下限（简记为 XFX）、骨架密实上限（简记为 GJS）、骨架密实中值（简记为 GJZ）、骨架密实下限（简记为 GJX）。6 种类型级配及混合料最佳含水率和最大干密度见表 5-6。

级配类型情况与击实试验结果　　　　　　　　表 5-6

级配类型	质量百分率（%）				最佳含水率（%）	最大干密度（g/cm³）
	19.0~31.5mm	9.5~19.0mm	4.75~9.5mm	<4.75mm（锶渣）		
XFS	0	20	31	49	10.9	2.14
XFZ	5	25	31	39	9.5	2.21
XFX	10	30	31	29	7.5	2.25
GJS	14	28	26	32	7.4	2.23
GJZ	23	29	21	27	7.1	2.24
GJX	32	30	16	22	6.7	2.26

②强度试验。

对 6 种类型混合料分别进行抗压强度试验，如图 5-4 所示，试验结果见表 5-7。

水泥锶渣碎石基层无侧限抗压强度试验结果　　　　　　表5-7

级配类型	平均值(MPa)	标准差(MPa)	偏差系数(%)	无侧限抗压强度代表值(MPa)
XFS	3.28	0.55	0.17	2.58
XFZ	3.44	0.22	0.06	3.16
XFX	3.63	0.19	0.05	3.38
GJS	3.55	0.37	0.1	3.07
GJZ	2.99	0.34	0.11	2.56
GJX	2.49	0.56	0.22	1.78

图5-4　无侧限抗压强度试验

从表5-6和表5-7可以看出：GJX的无侧限抗压强度比其他几种级配类型的抗压强度低，因为GJX成型时孔洞较多，容易破碎，偏差系数也最大。而XFS，虽然7d无侧限抗压强度能够达到2.58MPa，但锶渣在整个集料中占了49%，锶渣的用量过多，粗集料大部分悬浮在锶渣中，均匀性同样比较差，导致了该级配的无侧限抗压强度比其他的两种悬浮密实结构低。此外，XFS集料最大粒径为19mm，整个混合料的级配偏细，不适合农村公路现有的材料开采及施工条件。

所以，去掉XFS和GJX两个级配，合理的粗集料级配范围应该在XFZ和GJZ的曲线范围内。采用XFZ、XFX、GJS、GJZ 4个级配对水泥锶渣碎石混合料的路用性能做进一步的性能评价。

针对农村公路建设的特点，由于混合料不可能严格满足某个级配曲线，因此，混合料的集料组成应该在一定的范围内。根据试验的情况，推荐的集料级配范围见表5-8。

推荐的集料级配范围　　　　　　表5-8

筛孔尺寸(mm)	<4.75（锶渣）	4.75~9.5	9.5~19.0	19.0~31.5	>31.5
累计筛余(%)	100	61~73	30~52	5~23	0

根据以上的粗集料级配范围,在现场施工中可以参考的配合比见表5-9。

推荐的施工配合比　　　　表5-9

原材料	水泥	碎石	锶渣	水
质量比(%)	5	61~73	27~39	7.1~9.5

同时,在施工中可根据具体情况,增加0.5%~1.0%的水泥用量。

5.1.2 路用性能评价

(1)无侧限抗压强度

不同龄期的水泥锶渣碎石混合料无侧限抗压强度测试结果如表5-10、图5-5所示。

各龄期强度试验结果　　　　表5-10

级配类型	各龄期抗压强度(MPa)			
	7d	28d	60d	90d
XFZ	3.16	3.7	4.68	5.03
XFX	3.38	3.65	3.86	4.09
GJS	3.07	3.36	4.14	4.38
GJZ	2.56	3.03	3.62	3.85

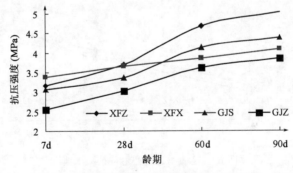

图5-5 各级配无侧限抗压强度随龄期的增长曲线

由表5-10、图5-5可以看出:

①4种级配的同一龄期混合料的无侧限抗压强度值相差不大。因为4个级配都只是针对大于4.75mm的粗集料进行设计,而小于4.75mm的锶渣则是作为细集料直接将原状渣用于混合料中,每个级配小于4.75mm的级配相同。说明小于4.75的细集料对混合料的强度特性有比较大的影响。

②悬浮密实结构混合料的抗压强度较骨架密实结构混合料的抗压强度稍大。

虽然骨架密实结构的一些试件在抗压值上较大,但骨架密实结构混合料的均匀性较悬浮密实结构差,从而导致在数据统计时偏差系数较大,造成骨架密实结构的无侧限抗压强度代表值较悬浮密实结构稍小。

③水泥锶渣碎石混合料的强度发展规律与普通的水泥稳定类基层混合料相似。7d 的强度为 90d 的 60%~70%,而 60d 以后的龄期强度增长,以 XFZ 为例,其 60d 强度为 90d 强度的 93%,可见混合料的后期强度发展不大,这说明水泥稳定锶渣碎石基层强度的形成最主要来自水泥的贡献。

(2)劈裂强度

不同龄期的水泥锶渣碎石混合料劈裂强度测试结果如表 5-11、图 5-6 所示。

各龄期劈裂强度测试结果　　　　　　　　表 5-11

级配类型	各龄期劈裂强度(MPa)			
	7d	28d	60d	90d
XFZ	0.20	0.34	0.49	0.58
XFX	0.19	0.26	0.35	0.44
GJS	0.17	0.27	0.31	0.46
GJZ	0.14	0.23	0.33	0.39

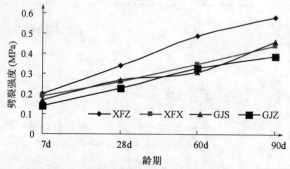

图 5-6　各级配劈裂强度随龄期的增长曲线

由图 5-6、表 5-11 可以看出:

①4 个级配各龄期的劈裂强度都在一个数量级上,原因是 4 个级配都只是针对大于 4.75mm 的粗集料进行的设计,而小于 4.75mm 的锶渣是作为细集料直接将原状渣用于混合料中。

②水泥锶渣碎石基层混合料,单从强度来看,无论是无侧限抗压强度还是劈裂强度或是劈压强度比,悬浮结构都要优于骨架结构。主要的原因是悬浮密实结构的混合料均匀性要优于骨架密实结构。

③相对于无侧限抗压强度的增长,劈裂强度的增长幅度更大。悬浮结构7d的劈压强度比为0.06;骨架结构劈压强度比为0.05~0.06;悬浮结构90d的劈压强度比为0.11~0.12;骨架结构劈压强度比为0.10~0.11。

④悬浮结构的劈压强度比要稍好于骨架结构的劈压强度比,这是由于悬浮结构中掺入了更多的锶渣,说明锶渣对混合料的柔性起了主要的作用。

(3)抗压回弹模量

抗压回弹模量测试采用顶面法,如图5-7所示。不同龄期的水泥锶渣碎石混合料抗压回弹模量见表5-12、图5-8。

图5-7 抗压弹性模量试验

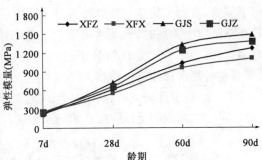

图5-8 各级配抗回弹模量随龄期的增长曲线

各龄期抗压回弹模量结果　　　　　　　　　　　　　　　　　　　表5-12

级配类型	各龄期抗压回弹模量(MPa)			
	7d	28d	60d	90d
XFZ	232.33	621.31	1 035.96	1 266.79
XFX	255.82	556.12	965.21	1 114.60
GJS	223.88	722.21	1 330.26	1 495.83
GJZ	258.20	668.73	1 248.17	1 378.19

由图5-8和表5-12可以看出:

①比较同一龄期不同级配的混合料抗压回弹模量,骨架密实结构混合料要大于悬浮密实结构混合料,这同样是因为悬浮密实结构中掺入了较多的锶渣,导致混合料柔性相对好。

②刚度增长规律同强度增长规律基本一致。由于稳定类材料刚度取决于原材料本身模量、反应生成物模量及其组成结构形式等。初期由于反应刚进行,胶结料的形成不足以使混合料成为一个整体,即混合料还处于松散状,因此早期刚度主要由材料组成结构形式及原材料本身模量决定,所以很小。随着反应的进行,胶结物

不断生成,使颗粒之间的连接和整体结构逐步加强,所以表现为刚度逐步增大;往后由于反应不断减弱,胶结物生成量也不断减少,刚度增长趋于平稳。不同材料之间刚度大小以及其增长曲线不同,主要是因为其结构状况不同、反应生成胶结物速度不同等引起的。

(4)水稳定性

现行试验规程中没有对水稳性试验作出明确的规定,只规定常规养生的前一天泡水 24h,然后测定其抗压强度。但由于我国西部地区属于潮湿地区,而且经常连续阴雨,雨季表面水有可能透过沥青面层进入基层和底基层。如果道路面层上产生了裂缝,表面水便会从裂缝透入路面结构层中。在地下水位接近地表的地段,尤其在路基填土不高时,地下水可通过毛细作用进入土基上部和路面结构层。在冰冻地区,由于冬季水分重新分布,路面基层可能处于潮湿或过分潮湿状态。所以,有必要对其水稳性进行考察。

在进行水稳定性研究时,将养生至规定龄期的试件,一组浸水 24h,一组不浸水,测试它们的无侧限抗压强度。水稳系数的计算按式(5-3)进行:

$$水稳定系数 = \frac{材料在饱水状态下的极限抗压强度}{材料在未饱水状态下的极限抗压强度} \quad (5-3)$$

不同龄期的水泥锶渣碎石混合料水稳定系数见表 5-13。

各龄期水稳定系数测试结果 表 5-13

级配类型	龄 期	饱水抗压强度 (MPa)	未饱水抗压强度 (MPa)	水稳系数 (%)
XFZ	7d	3.16	4.10	77
	28d	3.70	4.46	83
	60d	4.68	5.32	88
	90d	5.03	5.53	91
GJS	7d	3.07	3.79	81
	28d	3.36	3.92	86
	60d	4.14	4.65	89
	90d	4.38	4.92	89
XFX	7d	3.38	4.28	79
	28d	3.65	4.40	83
	60d	3.86	4.49	86
	90d	4.09	4.54	90

续上表

级配类型	龄　期	饱水抗压强度（MPa）	未饱水抗压强度（MPa）	水稳系数（%）
GJZ	7d	2.56	3.17	81
	28d	3.03	3.57	85
	60d	3.62	4.21	86
	90d	3.85	4.29	90

由表5-13可以看出：

①同一龄期骨架密实结构混合料的水稳系数要大于悬浮密实结构混合料的水稳系数，所以骨架密实结构混合料的水稳定性要好于悬浮密实结构混合料的水稳定性。这主要是因为锶渣有遇水软化的特点。

②随着龄期的增长，各级配混合料的水稳系数均有不同程度的增加，这主要是由于混合料随着时间的推移，其中水泥发生的水化反应越来越充分，水化反应的团粒受水的影响较小。

③由于混合料前期受水的影响较大，所以在工程实践中，应注意基层的防水排水工作（图5-9）。

（5）干缩特性

对于基层材料干燥收缩试验，目前还没有统一的规定。干缩开裂性能评价指标主要有干缩系数、干缩抗裂系数以及断裂韧度评价指标等，干缩系数在评价材料的干缩性能时综合考虑了失水量和干缩应变，又因其易于理解和实现而被广泛应用。本书设计了一种测定材料的干燥收缩设备及相应的测试方法。该设备由四部分组成，分别是千分表、表架、精度为0.5g的电子秤、盖玻片及玻璃片，具体见图5-10。

图5-9　试件保水与标准养护对照

图5-10　干燥收缩试验

按 97% 压实度制作试件,试件的尺寸为:长×宽×高 = 50mm × 50mm × 240mm,试件脱模后密封再放入养护室。每一种级配按 5 根试件进行备料,其中 3 根试件用于测试干燥收缩变形,2 根试件用于平行测试试件的含水率变化。试件经过 7d 标准养护后取出,把试件编号,在试件两端用万能胶粘上盖玻片,待牢固后将 3 个干燥收缩试件一端固定在测试架上,另外一端装上千分表,然后将安装好的试验装置放在干缩室内(控制温度 20℃ ±2 ℃、相对湿度 60% ±5%),记下每个千分表的初始读数。利用所测得的小梁试件干燥收缩量和相应的水分蒸发量,可以计算试件的干缩应变和平均干缩系数,计算公式如下:

$$\varepsilon_d = \frac{\Delta l}{l} \tag{5-4}$$

$$\alpha_d = \frac{\varepsilon_d}{\Delta \omega} \tag{5-5}$$

上述式中:l ——小梁的长度,mm;

ε_d ——小梁的干缩应变,$\times 10^{-6}$;

α_d ——小梁的平均干缩系数,$\times 10^{-6}$;

Δl ——含水率损失 $\Delta \omega$ 时小梁的收缩量;

$\Delta \omega$ ——失水率,指失水量与试件干料重之比。

观测试件随时间推移其质量变化和收缩变形,每天读数一次,直至试件含水率不再减小、体积基本稳定为止。稳定时间取决于试件内水分与养护环境达到平衡的速度,干缩测试结果见图 5-11 ~ 图 5-14。

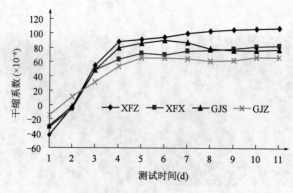

图 5-11 测试时间与干缩系数的关系

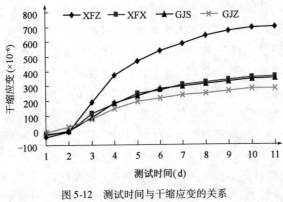

图 5-12　测试时间与干缩应变的关系

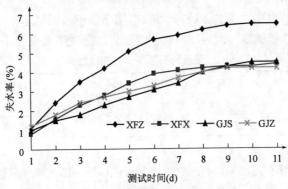

图 5-13　测试时间与失水率的关系

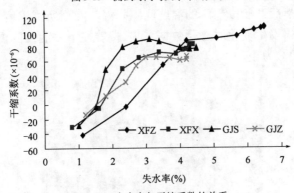

图 5-14　失水率与干缩系数的关系

由试验结果可以看出：

①锶渣掺量对混合料的收缩影响较大。例如 XFZ 与 XFX 混合料相比，其锶渣掺量多 10%，使得其 12d 的失水率高 47.7%、干缩应变高 92.1%、干缩系数高 30%。

②由图 5-12 可以看出，常温下，在试验前 4d，干缩系数变化最快，第 4 天的干

缩系数为第 12 天的 77% ~ 82%;而 10d 左右变化趋缓,12d 左右趋于稳定。表明施工完毕后应注意合理的早期养护,尤其是前 4d。

③图 5-13 表明混合料失水量对干燥收缩影响很大。干缩应变随失水率的增加而不断增大,但当失水率在 2.0% 以内时,混合料的干缩应变很小。例如在失水率为 2.0% 时 GJZ 混合料干缩应变仅为总干缩应变的 17.2%,而此时的失水率已占总失水率的 47.6% 左右。

④试验结果显示,水泥锶渣碎石混合料在测试的最初一两天有一个膨胀的过程,是由锶渣中含有的 SO_3 所具有的膨胀性引起的。

⑤与常见半刚性基层混合料的干缩特性比较,水泥稳定砂砾的干缩系数为 53×10^{-6} ~ 100×10^{-6},水泥稳定土的平均干缩系数为 420×10^{-6} ~ 484×10^{-6},而水泥锶渣碎石基层的干缩系数稍大于水泥稳定砂砾,但明显小于水泥稳定土,表明水泥锶渣碎石混合料的干缩性能优良。水泥锶渣碎石基层干缩测试结果见表 5-14。

水泥锶渣碎石基层干缩测试结果 表 5-14

级配类型	平均干缩系数($\times 10^{-6}$)	级配类型	平均干缩系数($\times 10^{-6}$)
XFZ	107.05	GJS	77.78
XFX	82.39	GJZ	66.47

(6)温缩试验

温缩试验采用电测法对小梁试件进行测试(图 5-15)。将恒温箱的初始温度设定为 50℃,恒温 2h 后,将全部测点的读数调零。将 50 ~ -30℃ 按照 5℃ 递减划分为 16 个区间,然后开始按预定的温度间隔降温。降至所需温度后,在试验箱和应变仪读数都不再发生变化时进行数据采集,接着往下一温度降温。如此循环测定,一直测到 -30℃ 为止。

图 5-15 温缩试验

根据式(5-6)计算温度收缩系数 α_T,其中 $\sum \Delta \varepsilon_T$ 为温度间隔 T_{i+1} ~ T_0 条件下的应变量,相同试件的温缩系数为平行试件的平均值。测试结果见表 5-15、

图 5-16、图 5-17。

$$\alpha_T = \frac{\sum \Delta \varepsilon_T}{T_{i+1} - T_0} \tag{5-6}$$

式中：$\Delta \varepsilon_T$ ——累计温度应变，$\times 10^{-6}$；

T_{i+1} ——当前测试温度，℃；

T_0 ——起始温度，℃。

温缩测试结果　　　　　　　　　　　　　　　　　　　　表 5-15

级配类型		XFZ		XFX		GJS		GJZ	
项目		温缩应变 ($\times 10^{-6}$)	温缩系数 ($\times 10^{-6}$/℃)	温缩应变 ($\times 10^{-6}$)	温缩系数 ($\times 10^{-6}$/℃)	温缩应变 ($\times 10^{-6}$)	温缩系数 ($\times 10^{-6}$/℃)	温缩应变 ($\times 10^{-6}$)	温缩系数 ($\times 10^{-6}$/℃)
测试温度（℃）	50	0	0	0	0	0	0	0	0
	40	15	1.5	59.5	5.95	23	2.3	39.67	3.97
	30	26.5	1.33	89.25	4.46	44.17	2.21	58.33	2.92
	25	41.25	1.65	85.67	3.43	53.33	2.13	68.67	2.75
	20	54.75	1.83	88	2.93	59.67	1.99	80.33	2.68
	15	102.25	2.92	92.5	2.64	69.17	1.98	96	2.74
	10	108.75	2.72	99.33	2.48	83.67	2.09	116.5	2.91
	5	112.5	2.5	100.5	2.23	92.83	2.06	136.67	3.04
	0	115.5	2.31	105.17	2.1	105.33	2.11	155.5	3.11
	-5	128.75	2.34	117.17	2.13	128.67	2.34	189.17	3.44
	-10	141.25	2.35	127	2.12	151.67	2.53	226.17	3.77
	-20	177.5	2.54	153.5	2.19	196.5	2.81	296.5	4.24
	-30	215.5	2.69	186.67	2.33	250.17	3.13	377.83	4.72

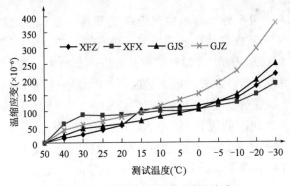

图 5-16　测试温度与温缩应变的关系

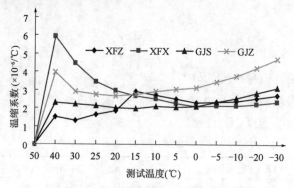

图 5-17 测试温度与温缩系数的关系

混合料温缩试验中,试验箱的温度在 50～-30℃ 之间按照设定的温度降低时,在不同的温度区间,温缩系数各有其变化规律。分别定义 50～30℃、30～5℃、5～-10℃、-10～-30℃ 为高温区间、常温区间、冰点区间和低温区间,由试验结果可以看出:

①XFZ 锶渣掺量比其他级配混合料约多 10%,与其他类型混合料相比其温缩系数更小,说明锶渣具有良好的温缩特性。

②在各温区,混合料的温缩应变和温缩系数都不大。与常见稳定类废渣基层的最大温缩应变和平均温缩系数相比较,水泥锶渣碎石混合料的最大温缩应变和平均温缩系数都差不多小一个数量级,说明水泥锶渣碎石基层的温缩性能优良。

③在高温区,4 种级配混合料的温缩应变都有一个明显的增长,说明混合料对该温度区的温度变化比较敏感。而从该温度区的温缩系数和温度的关系曲线看则没有明显的相似性。在 50～40℃,XFX、GJS 和 GJZ 都有一个很明显的增长,而 XFZ 的增长不明显;在 40～30℃,XFX、GJS 和 GJZ 都有温缩系数减小的趋势,而 XFZ 却有明显的增大。

④在常温区,4 个级配的混合料的温缩应变和温缩系数变化都比较小。这说明在一般温度条件下,水泥锶渣碎石基层混合料有很好的温度稳定性。

⑤在冰点区,4 个级配的混合料温缩应变有进一步增大趋势;但相对而言,4 个级配的混合料温缩系数依然比较稳定。这说明水泥锶渣碎石混合料在温度不太低的条件下依然有比较好的温度稳定性。

⑥在低温区,4 个级配的混合料的温缩应变和温缩系数都有一个明显增大的趋势,说明在温度很低的条件下水泥锶渣碎石混合料的温度稳定性变差。

⑦通过对混合料温缩系数随环境温度变化规律的研究可知,高温区温缩应变和温缩系数一般较大,随温度的降低,温缩应变和温缩系数减小。

⑧在各温度区,混合料的温缩应变和温缩系数都不大。将水泥锶渣碎石混合料的最大温缩应变和平均温缩系数与表 5-16 沙庆林的研究成果常见稳定类废渣基层的最大温缩应变和平均温缩系数相比较,从试验结果可以看出,水泥锶渣碎石混合料的最大温缩应变和平均温缩系数都差不多要小一个数量级,说明水泥锶渣碎石基层的抗温缩性能特别好。这是因为锶渣通过高温煅烧再水淬后对温度变化已不敏感。

锶渣混合料与几种半刚性材料的温缩特性比较 表 5-16

级配类型	平均温缩系数($\times 10^{-6}/℃$)	级配类型	平均温缩系数($\times 10^{-6}/℃$)
石灰粉煤灰	24.01	XFZ	2.69
二灰砂砾	21.54	XFX	2.33
石灰土砂砾	32.26	GJS	3.13
水泥砂砾	20.16	GJZ	4.72

5.2 石灰锶渣碎石基层

5.2.1 原材料性质

(1)石灰

采用北京首钢建材化工厂生产的石灰粉,其技术性质见表 5-17。

石灰成分 表 5-17

分析项目		计量单位	分析结果
CaO		%	75.69
MgO		%	6.94
细度	0.125mm 筛筛余	%	11.5
	0.71mm 筛筛余	%	0.3
判定结果		符合《建筑生石灰》(JC/T 479—2013)	

(2)锶渣:锶渣物理化学性质见第 2 章。

(3)碎石技术性质

现场使用的碎石有两种:一种是统料(未筛分,又称连槽料),另一种是单粒径石料,分为 0~10mm、10~20mm、20~40mm 三档,各档料颗粒级配分别见表 5-18~表 5-20。

20~40mm 档料颗粒级配　　　　　　　　　　　　　　　表5-18

筛孔尺寸(mm)	37.5	31.5	19	9.5
通过率(%)	100	92	8	4

10~20mm 档料颗粒级配　　　　　　　　　　　　　　　表5-19

筛孔尺寸(mm)	31.5	19	9.5	4.75
通过率(%)	100	89	6	2

0~10mm 档料颗粒级配　　　　　　　　　　　　　　　表5-20

筛孔尺寸(mm)	19	9.5	4.75	2.36	1.18	0.6
通过率(%)	100	91	42	21	9	6

现场统料和现场三档料1∶2∶2掺配后的碎石级配如表5-21和图5-18所示。

三档料和统料的级配组成　　　　　　　　　　　　　　表5-21

筛孔尺寸(mm)	0.075	0.6	1.18	2.36	4.75	9.5	19	31.5	37.5
三档料1∶2∶2掺配后(%)	1	3	4	8	18	40	77	98	99
现场统料(%)	1	13	18	22	27	32	55	93	100

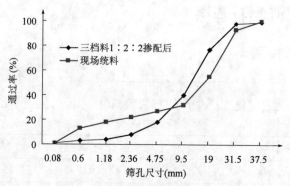

图5-18　二灰级配碎石集料的颗粒组成

为了进行技术对比,选择了三档料、现场统料、《公路路面基层施工技术规范》(JTJ 034—2000)二灰级配碎石集料1号级配和2号级配进行对比试验,《公路路面基层施工技术规范》(JTJ 034—2000)集料级配如表5-22所示。

碎石级配组成　　　　　　　　　　　　　　　　　　　表5-22

筛孔尺寸(mm)	通过率(%)			
	规范1号		规范2号	
	级配范围	试验级配	级配范围	试验级配
37.5	100	100	100	100
31.5	90~100	100.0	100	100.0

续上表

筛孔尺寸(mm)	通过率(%)			
	规范1号		规范2号	
	级配范围	试验级配	级配范围	试验级配
19	72~90	78.8	81~98	83.2
9.5	48~68	61.7	52~70	56.9
4.75	30~50	40.1	30~50	40.7
2.36	18~38	31.9	18~38	32.6
1.18	10~27	23.7	10~27	24.2
0.6	6~20	16.1	6~20	16.3
0.075	0~7	2.0	0~7	2.0

5.2.2 石灰锶渣碎石基层材料组成设计

首先通过击实和表面振动压实试验，考察石灰锶渣的合理掺配比例，然后通过无侧限抗压强度和劈裂强度等指标，进行石灰锶渣碎石混合料的材料组成设计。

(1) 石灰锶渣击实试验

将锶渣和石灰按不同比例配制，然后在不同含水率条件下进行室内击实试验，测试其干密度，试验结果见表5-23。

石灰锶渣的含水率与干密度试验结果　　　　表5-23

石灰含量(%)	0		8		10		11		12		14	
含水率和干密度(g/cm³)	含水率	干密度	含水率	干密度	含水率	干密度	含水率	干密度	含水率	干密度	含水率	干密度
	15	1.61	20.4	1.71	10.8	1.61	19.7	1.71	18.9	1.68	13.2	1.63
	16.4	1.61	21.6	1.66	12.4	1.62	16.7	1.7	20.6	1.68	13.3	1.65
	18.9	1.61	22.6	1.67	16.7	1.65	17.8	1.72	22.5	1.68	15	1.62
	20.1	1.63	23.4	1.64	17.6	1.73	22.4	1.7	22.9	1.69	15.8	1.63
	21.3	1.67	25.8	1.65	17.6	1.71	22.5	1.66	26	1.63	16.1	1.59
	22.8	1.63	26.2	1.64	17.8	1.67					18.1	1.62
	24.2	1.65	26.4	1.62	19.7	1.67					18.4	1.61
			29.1	1.58	20	1.64					19.3	1.65
			29.2	1.57	22.4	1.68					19.5	1.65
			30	1.61	22.5	1.71					21.4	1.63
			30.4	1.53	23	1.69					22	1.63
					24.7	1.67					22.8	1.65
					24.9	1.64					22.9	1.63
											23.4	1.65
											24.3	1.67

由击实试验结果可以看出,在击实功一定的情况下,石灰稳定锶渣的含水率与干密度之间没有良好的关系,因此尝试采用表面振动击实试验找出两者的内在关系。

(2)石灰锶渣表面振动压实试验

采用表面振动压实试验获得石灰稳定锶渣的最大干密度。在进行表面振动压实试验时发现,试件振动压实时有水(泥浆)析出之前,干密度基本相同,含水率对干密度没有影响,其结果见表5-24。

振动压实试验结果　　　　　　　　　表5-24

含灰率(%)	24	22	20	18	16	14	12	10
试件湿密度(g/cm³)	2.01	2.05	2.03	2.04	2	2.03	2.04	2.04
含水率(%)	19	16.3	22.8	20.3	12.3	12.4	17.8	17.4
试件干密度(g/cm³)	1.69	1.76	1.65	1.7	1.79	1.8	1.73	1.74

(3)石灰锶渣合理配合比的确定

对不同石灰含量的石灰锶渣混合料进行无侧限抗压强度试验,测试其在不同龄期(3d、7d、28d)下的抗压强度,试验结果见表5-25和图5-19。

石灰锶渣无侧限抗压强度　　　　　　　　　表5-25

石灰含量(%)	0	4	8	12	16	20	24
3d强度(MPa)	0.97	0.80	0.73	1.07	1.20	1.29	1.67
7d强度(MPa)	1.07	0.96	0.94	1.21	1.45	1.58	1.95
28d强度(MPa)	1.22	1.30	1.34	1.94	2.22	2.42	2.72

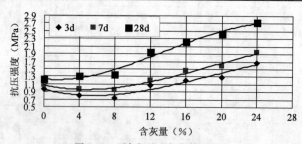

图5-19　石灰锶渣无侧限抗压强度

由上述图表可知,石灰锶渣混合料无侧限抗压强度随着含灰量的提高而增加。随着龄期的增长,强度不断提高,前期强度发展较快,后期强度增长速度减慢。

(4)石灰锶渣碎石混合料配合比设计

由图5-18结论可知,含灰量24%条件下石灰锶渣的强度发展较好,此后同时考虑经济性,按照石灰:锶渣=1:4的比例掺配,另外掺加不同比例碎石。碎石选择了三档料、现场统料、《公路路面基层施工技术规范》(JTJ 034—2000)二灰级配碎石集料 1 号级配和 2 号级配进行对比研究。

①混合料最佳含水率和最大干密度的确定。

最佳含水率和最大干密度参考《公路土工试验规程》(JTG E42—2005)的表面振动压实仪法确定,见表 5-26。

石灰锶渣碎石混合料的最大干密度和最佳含水率　　　　表 5-26

混合料类型	三档料	现场统料	规范 1 号
最大干密度(g/cm³)	1.88	1.85	1.84
最佳含水率(%)	11.54	11.45	11.66

②碎石级配类型的选择。

在相同碎石掺量条件下,选择三档料、现场统料、《公路路面基层施工技术规范》(JTJ 034—2000)二灰级配碎石集料 1 号级配和 2 号级配,进行无侧限抗压强度试验,试验结果见表 5-27。

石灰锶渣碎石混合料的无侧限抗压强度试验结果　　　　表 5-27

混合料类型	三档料	现场统料	规范 1 号	规范 2 号
湿养 7d 强度(MPa)	0.92	0.86	0.8	0.73
湿养 6d、浸水 1d 强度(MPa)	0.73	0.69	浸水后松散	浸水后松散

试验表明:采用三档料的石灰锶渣碎石混合料强度最高。规范 1 号和 2 号级配的强度均低于现场三档料和统料,说明由于锶渣的特殊性质,不宜采用规范推荐的碎石级配。

③石灰锶渣碎石混合料无侧限抗压强度。

选用三档料掺配碎石级配,进行不同石灰掺量的石灰锶渣碎石混合料的强度测试,测试结果如表 5-28 所示。当石灰锶渣掺量大于 50% 时,湿养 6d、浸水 1d 的强度太低呈松散状;当石灰锶渣占混合料掺量的 40% 时,其无侧限抗压强度最高。

石灰锶渣碎石混合料无侧限抗压强度试验结果　　　　表 5-28

石灰锶渣:三档料	3:7	4:6	5:5	6:4	7:3
湿养 7d 强度(MPa)	0.92	1.06	0.79	0.75	0.72
湿养 6d、浸水 1d 强度(MPa)	0.71	0.80	散	散	散

④石灰锶渣碎石混合料劈裂强度。

采用三档料的石灰锶渣碎石混合料强度最高,由于石灰锶渣占混合料掺量的 30% 和 40% 时,其无侧限抗压强度较高,故对此两种比例混合料的劈裂强度进行测试,结果见表 5-29。

石灰锶渣碎石混合料劈裂强度结果　　　　　　　表 5-29

混合料类型	3∶7	4∶6
湿养7d 劈裂强度(MPa)	0.18	0.24

可以看出劈裂强度与无侧限抗压强度具有相同的规律,当石灰锶渣占混合料总量的40%时,劈裂强度较高,因此采用的石灰锶渣掺量定为40%。而含灰量24%条件下石灰锶渣的强度发展较好,因此可以确定石灰锶渣混合料的配合比为:石灰∶锶渣∶碎石 = 8∶32∶60。

接下来进行其 CBR、收缩和水稳系数路用性能测试。

5.2.3　石灰锶渣碎石基层混合料性能评价

(1)CBR 试验

进行石灰锶渣碎石 CBR 试验,图 5-20 为单位压力与贯入量的关系,可以得到石灰锶渣碎石基层的 CBR 值为 140%。

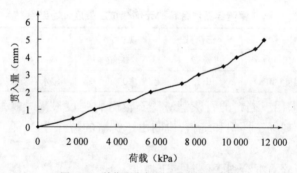

图 5-20　单位压力与贯入量的关系曲线

(2)收缩试验

对石灰锶渣碎石混合料的收缩特性进行研究。不同锶渣石灰和碎石比例混合料的收缩试验结果见图 5-21、图 5-22。可以看出石灰锶渣碎石基层随龄期增加会有轻微的膨胀,7d 后体积趋于稳定,变形量小于相同石灰剂量的石灰土的变形。碎石比例越大,变形越小。

(3)水稳定性试验

用水稳定系数(K)来表示材料的水稳性,表达式如式(5-7)所示:

$$K = \frac{f_1}{f_0} \tag{5-7}$$

式中:K——水稳定系数,%;

f_1——材料在浸水状况下的抗压强度,MPa;

f_0——材料在未浸水状况下的抗压强度,MPa。

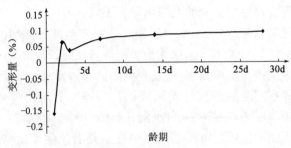

图 5-21　石灰锶渣碎石基层收缩特性(锶渣石灰∶碎石 =4∶6)

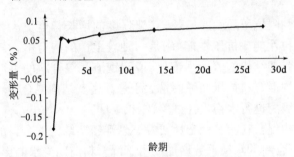

图 5-22　石灰锶渣碎石基层收缩特性(锶渣石灰∶碎石 =3∶7)

表 5-30 为不同龄期的石灰锶渣的水稳定性试验结果,由表可知,浸水后石灰锶渣强度降低,龄期越长,水稳定性越好。

石灰锶渣基层水稳性试验结果　　　　　　　　　　表 5-30

级配类型	龄期	饱水抗压强度(MPa)	未饱水抗压强度(MPa)	水稳系数(%)
锶渣石灰∶碎石 =4∶6	7d	0.92	1.06	86.8
	28d	1.18	1.31	88.9
	60d	1.33	1.42	91.1
锶渣石灰∶碎石 =3∶7	7d	0.71	0.92	77.2
	28d	0.95	1.14	83
	60d	1.13	1.32	85.6

5.3　本章小结

(1)对水泥锶渣碎石基层混合料进行配合比试验及路用性能评价。

①先对水泥稳定锶渣进行无侧限抗压强度试验和直剪试验,再应用比表面积

法对试验结果进行反算,综合考虑水泥锶渣碎石基层在农村公路中应用的目的,确定水泥锶渣碎石混合料室内试验的水泥用量为5%。

②以抗压强度为指标,对悬浮密实型和骨架密实型两种类型的6个粗集料级配进行筛选,选择XFZ、XFX、GJS、GJZ 4个级配进行性能评价。

③对选择的级配进行抗压强度、劈裂强度和抗压回弹模量试验,结果表明:

a.水泥锶渣碎石混合料的强度发展规律与普通的水泥稳定类基层混合料相似,7d的强度为90d的60%~70%,可见混合料的早期强度较高。

b.无论是从无侧限抗压强度还是劈裂强度或是劈压强度比来看,悬浮结构都要优于骨架结构。主要的原因是悬浮密实结构混合料的均匀性要优于骨架密实结构。

c.相对于无侧限抗压强度的增长,劈裂强度的增长幅度更大。说明水泥锶渣碎石混合料的抗拉性能比抗压性能好,是一种较柔性的混合料。悬浮结构的劈压强度比要稍好于骨架结构的劈压强度比,说明锶渣对混合料的柔性起了主要的作用。骨架密实结构混合料抗压回弹模量大于悬浮密实结构混合料。

④对选择的级配进行水稳定性试验,结果表明:

骨架密实结构混合料的水稳定性要好于悬浮密实结构混合料的水稳定性。随着龄期的增长,混合料的水稳系数增加。由于混合料前期受水的影响较大,所以在工程实践中,应注意基层的防水排水工作。

⑤对选择的级配进行干缩特性试验,结果表明:

a.锶渣掺量对混合料的收缩影响较大。

b.常温下,混合料第4天的干缩系数为第12天的77%~82%,干缩系数在12d左右趋于稳定。表明施工完毕后应注意合理的早期养护。

c.水泥锶渣碎石混合料在测试的最初一两天有一个膨胀的过程,其原因是锶渣中含有的SO_3所具有的膨胀性引起的。

d.与常见半刚性基层混合料的干缩特性比较,水泥锶渣碎石基层的干缩应变和干缩系数比水泥稳定砂砾和石灰粉煤灰稳定粒料低20%,明显小于水泥稳定土和石灰粉煤灰稳定土,表明水泥锶渣碎石混合料的干缩性能优良。

⑥对选择的级配进行温缩特性试验,结果表明:

a.在高温区,4种级配混合料的温缩应变都有一个明显的峰值,说明混合料对该温度区的温度变化比较敏感。在常温区,4个级配混合料的温缩应变和温缩系数变化都比较小,说明在一般温度条件下,水泥锶渣碎石基层混合料有很好的温缩性能。在冰点区,4个级配混合料的温缩应变有进一步增大趋势;但相对而言,4个级配混合料的温缩系数依然比较稳定。这说明水泥锶渣碎石混合料在温度不太低的条件下依然有比较好的温度稳定性。在低温区，4个级配混合料的温缩应变和温缩系数都有一个明显增大的趋势。

b. XFZ锶渣掺量比其他级配混合料约多10%，其他形式混合料相比其温缩系数更小，说明锶渣具有良好的温缩特性。

c. 在各温度区，混合料的温缩应变和温缩系数都不大。与常见稳定类废渣基层的最大温缩应变和平均温缩系数相比较，水泥锶渣碎石混合料的最大温缩应变和平均温缩系数都差不多小一个数量级，说明水泥锶渣碎石基层的温缩性能优良。

（2）对石灰锶渣碎石基层混合料进行了配合比试验及路用性能评价。

①对石灰锶渣的室内击实试验表明石灰锶渣的含水率与干密度之间没有良好的关系，因此采用表面振动压实试验获得石灰锶渣的最大干密度和最佳含水率。

②石灰锶渣混合料无侧限抗压强度随着含灰量的提高而增加。随着龄期的增长，强度不断提高，前期强度发展较快，后期强度增长速度减慢。

③对4种碎石[三档料、现场统料、《公路路面基层施工技术规范》（JTJ 034—2000）二灰级配碎石集料1号级配和2号级配]作为粗集料的石灰锶渣碎石混合料进行无侧限抗压强度、劈裂强度、CBR、收缩性能和水稳定性试验评价。结果表明：

a. 采用三档料的石灰锶渣碎石混合料强度最高。

b. 劈裂强度与无侧限抗压强度具有不同的规律，细料越多，劈裂强度越高。

c. 石灰锶渣碎石基层的CBR值为140%。

d. 石灰锶渣碎石基层随龄期会有轻微的膨胀，7d后体积趋于稳定，变形量小于相同石灰剂量的石灰土的变形。碎石比例越大，变形越小。

e. 浸水后石灰锶渣强度降低，龄期越长，水稳定性越好。

6 锶渣混凝土路面材料组成设计及性能评价

6.1 锶渣混凝土配合比正交设计

6.1.1 正交参数选取

影响锶渣面层路用性能的因素有很多，通过调研分析，选取水泥用量、坍落度、渣率(锶渣占集料的比例)和碎石级配 4 个主要因素为考察对象，选取抗压强度和抗折强度为考察指标。为了减少工作量，采用 $L_9(3^4)$ 正交方法对进行试验设计，各因素水平见表6-1。

因素水平表　　　　　　　　　表6-1

水平	因素			
	A 水泥用量	B 坍落度	C 渣率	D 碎石级配
1	6%	2cm	43%	现场连槽碎石筛分级配
2	8%	3cm	38%(现场)	现场分粒径掺和级配1
3	10%	4cm	33%	规范确定的合成级配中值

6.1.2 正交试验结果及分析

以抗压强度为指标的正交试验结果见表6-2。

$L_9(3^4)$ 正交试验结果(抗压强度)　　　　表6-2

试验号	A 水泥用量	B 坍落度	C 渣率	D 碎石级配	28d 抗压强度(MPa)
1	1(6%)	1(2cm)	1(43%)	1(连槽)	4.9
2	1(6%)	2(3cm)	2(38%)	2(中值)	5.7
3	1(6%)	3(4cm)	3(33%)	3(现场)	5.3

续上表

试验号	A 水泥用量	B 坍落度	C 渣率	D 碎石级配	28d 抗压强度(MPa)
4	2(8%)	1(2cm)	2(38%)	3(现场)	8.0
5	2(8%)	2(3cm)	3(33%)	1(连槽)	8.8
6	2(8%)	3(4cm)	1(43%)	2(中值)	6.1
7	3(10%)	1(2cm)	3(33%)	2(中值)	12.8
8	3(10%)	2(3cm)	1(43%)	3(现场)	8.6
9	3(10%)	3(4cm)	2(38%)	1(连槽)	10.3
k_1	5.32	8.58	6.56	8.01	
k_2	7.63	7.73	7.98	8.20	—
k_3	10.58	7.22	8.99	7.32	
R	5.26	1.36	2.44	0.89	

各因素影响趋势如图 6-1 所示。

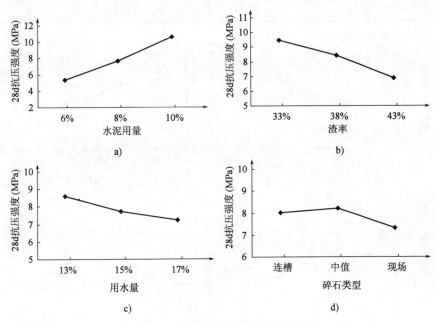

图 6-1 抗压强度各因素影响趋势图

由图 6-1 可以看出,抗压强度影响因素顺序为水泥用量 > 渣率 > 用水量 > 碎石级配。

以抗压强度为指标的正交试验结果见表6-3。

表6-3 $L_9(3^4)$正交试验结果表（抗折强度）

试验号	A 水泥用量	B 用水量	C 渣率	D 碎石级配	28d 抗折强度（MPa）
1	1(6%)	1(2cm)	1(43%)	1(连槽)	1.4
2	1(6%)	2(3cm)	2(38%)	2(中值)	1.48
3	1(6%)	3(4cm)	3(33%)	3(现场)	1.26
4	2(8%)	1(2cm)	2(38%)	3(现场)	1.67
5	2(8%)	2(3cm)	3(33%)	1(连槽)	1.62
6	2(8%)	3(4cm)	1(43%)	2(中值)	1.51
7	3(10%)	1(2cm)	3(33%)	2(中值)	2.21
8	3(10%)	2(3cm)	1(43%)	3(现场)	1.93
9	3(10%)	3(4cm)	2(38%)	1(连槽)	1.82
k_1	1.380 4	1.761 2	1.614 434	1.614 434	—
k_2	1.598 566	1.673 934	1.654 1	1.733 434	
k_3	1.987 3	1.531 134	1.697 734	1.618 4	
R	0.61	0.23	0.08	0.12	

各因素影响趋势如图6-2所示。

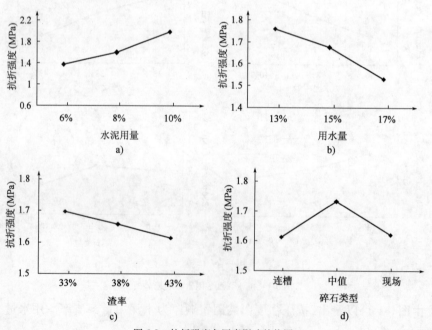

图6-2 抗折强度各因素影响趋势图

由图 6-2 可以看出,抗折强度影响因素顺序为水泥用量 > 用水量 > 碎石级配 > 渣率。

综合分析抗压强度和抗折强度的影响规律,可以看出水泥用量对锶渣混凝土强度影响最大。

6.1.3 推荐级配

根据表 6-3 和图 6-2,推荐级配为 $A_2B_1C_3D_2$(8% 水泥,渣率33%,规范级配中值,2cm 坍落度)。

(1)渣率

由渣率的影响趋势曲线表明,在 33% ~ 38% 的渣率范围内强度随掺量的增加而降低,但是在 33% 的渣率下再减少渣的用量,拌和就变得较困难,工作性能受到影响,因此,渣率定为 33%。

(2)碎石类型

图 6-3 为碎石级配曲线,可以看出现场统料基本在规范规定级配之内,可以直接用,为了更优良的工作性能和密实度,在条件允许的地方可以进行掺配。可以根据施工单位实际情况,将现场取样的碎石统料按 $m_{统料}:m_{9.5}:m_{4.75}=69:14.5:16.5$ 的比例进行掺配,施工过程中投料时根据标定过的运料车可以方便地实现。也可以采购石料时就采购粒径 > 20mm,10 ~ 20mm,< 10mm 的三种料,开工前按照 40:37.5:22.5 进行运料车的标定,即可实现。

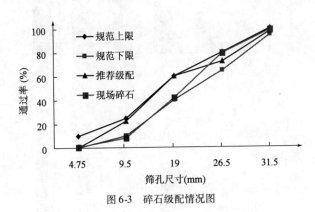

图 6-3 碎石级配情况图

抗压强度与抗折强度的推荐级配一致,推荐级配为:8% 水泥,渣率33%,规范级配中值,13% 用水量,因此,接下来的试验都是基于该级配进行的,变化的只是水泥掺量。

6.2 锶渣混凝土路面路用性能研究

6.2.1 强度对比试验

按推荐的级配进行抗压强度和抗折强度试验,并跟现有级配进行对比,同时考察各种水泥掺量水平下的强度发展情况,为针对不同交通等级的锶渣路面结构设计提供依据。

结果见表 6-4 和图 6-4、图 6-5。

强 度 对 比 表   表 6-4

编号 名 称	水泥掺量(kg/m³)	抗压强度(MPa)			抗折强度(MPa)	
		7d	28d	60d	28d	60d
S1:现场级配	170	4.8	7.5	8.6	1.6	1.8
S2:推荐级配	170	5.6	9.2	11.1	1.8	2.1
S3:10%水泥掺量	213	7.1	11.8	14.2	2.6	3
S4:12%水泥掺量	255	9.1	15.5	18.2	3.4	3.8
S5:14%水泥掺量	298	11.7	19.8	23.6	3.8	4.2
S6:16%水泥掺量	340	14.6	23.6	26.4	4.2	4.5

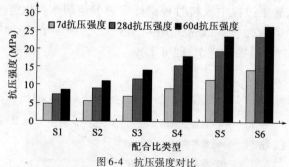

图 6-4 抗压强度对比

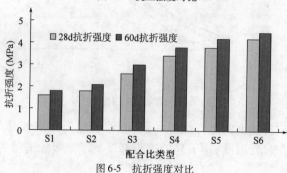

图 6-5 抗折强度对比

从表 6-4 可以看出,推荐级配的强度较低,但因为本书研究的是锶盐废渣在农村公路上的应用,因而不能用等级公路的设计规范来要求农村公路的强度指标,而且西部地区农村公路(尤其是村道),路面破坏主要不是行车荷载破坏,而是环境因素,因而路面强度不是西部地区农村公路质量等级最主要的衡量指标。

由以上结果可知:

(1)推荐级配强度比现有级配 28d 抗压强度提高 22.7%、28d 抗折强度提高 12.5%。

(2)与贫混凝土相比,推荐级配 28d 抗压强度低 25%,28d 抗折强度低 5.6%。

(3)28d 弯拉强度为抗压强度的 20.5%(一般混凝土为 10%~14%),"折压比"比普通混凝土的"折压比"高。

(4)随着水泥用量的增加,强度增大,各种掺量水平的强度试验结果为针对不同交通等级的锶渣路面结构设计提供依据。

试验发现,锶渣混凝土的抗折、抗压破坏多数发生在集料—胶凝材料浆体的界面。分析原因为:锶渣胶凝材料浆体基体的强度较低,导致浆体—集料的黏结强度低;锶渣固有特性决定了胶凝材料的流动性较差,导致胶凝材料浆体—集料的界面过渡区孔隙率高。当混凝土发生剪切破坏时,开裂首先发生在孔隙率较高,易出现应力集中和强度相对较弱的区域——锶渣混凝土胶凝材料界面,如图 6-6 所示。

图 6-6 锶渣混凝土试件弯拉断裂面

6.2.2 养护条件对强度的影响

为了考察锶渣混凝土路面不同养护条件下的强度发展规律,并将最佳的养护方式应用于工程实际,选用自然养护(25℃±3℃)、标准养护、水中养护(20℃±

3℃)、标养后保水24h(20℃±3℃)这4种养护条件,分别进行强度试验。试验结果见表6-5。

养护条件对强度的影响　　　　　　　　　　　　　　　表6-5

水泥掺量	养护条件	7d抗压强度(MPa)	28d抗压强度(MPa)
8%水泥掺量	自然养护	6.4	8.9
	标准养护	5.4	7.3
	水中养护	4.6	5.9
	标养后保水24h	3.3	4.7
10%水泥掺量	自然养护	9.8	11.8
	标准养护	7.4	9.5
	水中养护	6.2	8.8
	标养后保水24h	6.0	8.5

由试验结果可知：

室内自然养护的强度远高于其他养护条件下的强度,标准养护因湿度较大,强度也较低,28d抗压强度只有干燥养护强度的82%。保水后强度下降将近一半,这说明锶渣路面排水显得尤为重要。

6.2.3　弹性模量

不同级配的锶渣混凝土抗压回弹模量试验结果见表6-6和图6-7。

抗压弹性模量对比表　　　　　　　　　　　　　　　表6-6

编号 名称	水泥掺量(kg/m³)	抗压弹性模量(GPa)	
		28d	60d
S1:推荐级配	170	12.1	13
S2:现场级配	170	11	11.7
S3:10%水泥掺量	213	15.8	17.6
S4:12%水泥掺量	255	19.2	22
S5:14%水泥掺量	298	23.2	24.5
S6:16%水泥掺量	340	24.1	26.3
S7:中砂替代锶渣作对比样	170	21.2	23.6
S8:C30混凝土	340	30	33

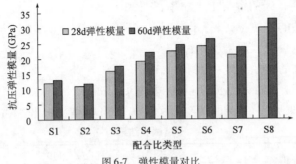

图6-7 弹性模量对比

从表6-6、图6-7可以看出,锶渣混凝土的弹性模量为贫混凝土弹性模量的63.2%左右,为普通混凝土的37%左右,所以锶渣混凝土的抗裂性能要优于普通混凝土。同时因实际道路中大多数路段基本都处于干燥环境中,而试验所测的弹性模量的试件是标准养护,试件处于饱和状态,有资料表明,饱和混凝土的强度低于干燥混凝土,而对于弹性模量正好相反,说明实际面层的弹性模量可能比11 000 MPa还低些,开裂的概率应该更小。

随着水泥用量的增加,模量增大,各种掺量水平的弹性模量试验结果为针对不同交通等级的锶渣路面结构设计提供依据。

6.2.4 干缩试验

为考察锶渣混凝土在不同龄期的总收缩情况,测定锶渣混凝土试件在标准养护条件下的轴向长度变形,以普通水泥混凝土(水泥掺量340 kg/m³)为基准,比较不同混凝土的收缩性能(图6-8)。

图6-8 干缩对比试验

混凝土试件的收缩率按式(6-1)计算:

$$S_d = \frac{X_{01} - X_{t1}}{L_0} \times 100 \tag{6-1}$$

式中:S_d——龄期 d 天的混凝土干缩率,%;
L_0——试件的测量标距,等于混凝土试件的长度(不计侧头凸出部分)减去 2 倍侧头埋入深度,mm;
X_{01}——试件的初始长度(含测头),mm;
X_{t1}——龄期 t 天时试件长度测值(含测头),mm。

干缩试验结果见表 6-7 和图 6-9。图 6-10 为 4d 收缩、14d 收缩占 35d 收缩比例。

干缩试验结果   表 6-7

编 号	不同龄期的干缩应变($\times 10^{-6}$)					
	4d	7d	14d	21d	28d	35d
S1:基准混凝土	131	242	388	453	512	526
S2:8%水泥掺量	103	175	195	243	269	280
S3:10%水泥掺量	116	185	270	305	326	335
S4:12%水泥掺量	125	217	316	356	385	398
S5:14%水泥掺量	141	239	348	372	415	427
S6:16%水泥掺量	156	278	385	412	453	462

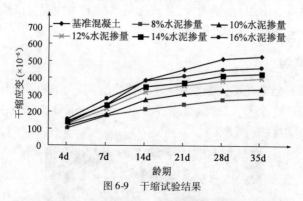

图 6-9　干缩试验结果

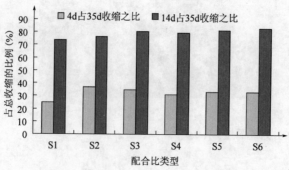

图 6-10　4d 收缩、14d 收缩占 35d 收缩的比例

从表 6-7 和图 6-9、图 6-10 可以看出:

(1)因为锶渣拌和物的需水量比较大,干燥失水过程中必然引起干缩,但是因为锶渣是多孔材料,可以缓解一部分干缩引起的变形,使得同等水泥掺量下干缩率比普通混凝土低 20%。

(2)随着水泥掺量的增加,锶渣混凝土的干缩系数不断增加,8% 掺量的锶渣混凝土干缩应变,约为 16% 掺量的锶渣混凝土的 61%。

(3)与普通混凝土相比,锶渣面层早期收缩比较明显,14d 收缩量为 28d 的 83.5%。

6.2.5 温缩试验

温缩试验用 100mm × 100mm × 515mm 的小梁试件(图 6-11),试验采取标准养护至测试龄期 28d 后,将试件放入温度为 60℃烘箱内,烘干至恒重。之后采用应变计测试材料的温度收缩系数,测试前安装应变片,接好电路后放入环境箱中(图 6-12)。试验温度在 -15 ~ 35℃范围内,以 5℃为温度间隔,每个温度段恒温 2h,当各温度段应变计的数据稳定后,读取相应的数据。其计算公式如下:

$$\alpha_T = \frac{L_{i-1} - L_i}{T_{i-1} - T_i} \tag{6-2}$$

式中: α_T ——温度收缩系数,$\times 10^{-6}/℃$;

L_{i-1} —— T_{i-1} 对应的仪器读数;

L_i —— T_i 对应的仪器读数;

T_{i-1} ——上一个温度,℃;

T_i ——下一个温度,℃。

图 6-11 温缩试验试件

图 6-12 温缩试验装置

试验结果见表 6-8 和图 6-13。图 6-14 为水泥掺量与温缩系数的关系。

温缩系数试验结果（单位：×10⁻⁶/℃） 表 6-8

温度区间(℃)		-20~-15	-15~-10	-10~-5	-5~0	0~5	5~10	10~15	15~20	20~25	25~30	30~35	35~40	40~45	45~50
水泥掺量(%)	8	6.5	5.6	4.1	4.7	4.9	5	5.8	5.9	5.4	4.9	5	5.9	5.6	5
	10	7	5.8	4.1	4.7	5.4	4.9	6.1	5.9	5.4	5.2	5.2	6.1	5.6	5
	12	7	6.1	4.3	5	5	5.6	6.5	6.3	5.9	5.4	5.6	6.3	5.8	5.4
	14	7	6.8	3.8	6.7	5	5.6	7.2	6.8	6.3	5.8	5.2	6.8	6.3	5.8
	16	7.6	6.7	5.9	6.1	5.6	6.1	7.2	7.4	7.4	5.4	6.5	7.6	6.8	6.1

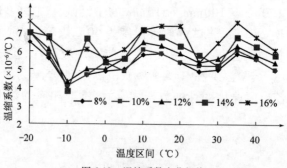

图 6-13　温缩系数变化规律

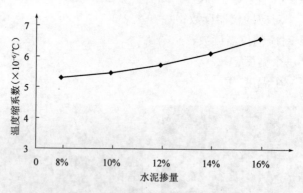

图 6-14　水泥掺量与温缩系数的关系

由表 6-8 和图 6-13、图 6-14 可以看出：

（1）不同水泥掺量的锶渣混凝土材料的温缩系数在低温区间（-20~-10℃）内随温度的降低而增大。当温度小于 -10℃ 后，由于冰具有较大的收缩系数（30~50）×10⁻⁶，使原来的膨胀作用有所缓解，温缩系数又逐渐增大。

（2）在低温区间，温缩系数急剧下降，在 $0 \sim -10$℃区间，所有大孔隙中的水全部冻结，体积增加 9%，使锶渣混凝土材料不但不产生收缩，而且整体发生负收缩——膨胀。

（3）在正温区，温缩系数随着温度的上升呈现增大的趋势。

（4）水泥用量由 7% 增大到 10% 时，锶渣混凝土温缩系数呈上升趋势，但变化不大，如 16% 的水泥掺量比 8% 的水泥掺量提高了一倍，但平均温缩系数只提高了 24%。从宏观上来分析，锶渣混凝土材料中的粗集料已形成嵌挤结构，骨架界面由少量的水泥砂浆包裹，根据热力学原理，对像混凝土那样的复合材料，其温缩系数 α 可由以式（6-3）近似预测：

$$\alpha \approx \frac{V_a \alpha_a + V_m \alpha_m}{V_m + V_a} \tag{6-3}$$

式中：V_m、V_a——结合料和集料的体积率；

α_m、α_a——结合料和集料的温缩系数。

水泥浆用量很少的贫混凝土中水泥含量的微小变化对整体结构的 α 影响并不显著，起决定作用的是集料的种类，集料本身收缩系数的大小决定着贫混凝土整体的 α 值。锶渣能显著降低水泥浆体的线膨胀系数，普通混凝土的温缩系数为 $10\mu m/(m \cdot ℃)$，锶渣混凝土材料的平均温缩系数为 $5.3\mu m/(m \cdot ℃)$，仅为普通混凝土的 53%，水化胶结物的温缩系数为 $20 \sim 30\mu m/(m \cdot ℃)$。

分析上述原因，贫混凝土材料的固、液、气三相有不同的热胀缩性，其外观热胀缩性是由组成基本体不同热胀缩性的综合作用效应，气相由于大部分孔隙贯通，所以在综合效应中影响极小，可忽略不计。在气干状态下，由于含水率很小，试件基本接近干燥状态，与空气湿度形成动态平衡的水分仅存在于毛细管中，并未能达到饱和。毛细管中的水与大孔隙中和普通状况下的水有区别，主要是其冰点低于正常水。冰点降低的原因有两个：其一是半刚性材料中的毛细水实质是水溶液，而水溶液的冰点非常低；其二是毛细管内水呈弯液面，使水承受了与毛细管半径成反比的外压力 ΔP，压力的变化引起平衡温度的变化，从而导致冰点下降。因此，其中的水分对贫混凝土试件温缩系数的影响极其微弱。

6.2.6 抗冻试验

抗冻性反映混凝土在水和负温共同反复作用下抵抗冻融循环的能力，试验选用慢冻法，采用 $100mm \times 100mm \times 100mm$ 的立方体试件（图 6-15），每组三个试件，冻结和融化温度分别为 $-15 \sim -20$℃ 和 $15 \sim 20$℃，一个冻融循环为 8h，经过 25、50 次循环后，按式（6-4）计算：

$$\Delta f_c = \frac{f_{co} - f_{cn}}{f_{co}} \times 100 \tag{6-4}$$

式中：Δf_c ——N 次冻融循环后混凝土强度损失率，以三个试件的平均值计算，%；
　　　f_{co} ——对比试件的抗压强度平均值，MPa；
　　　f_{cn} ——经 N 次冻融循环后的三个试件抗压强度平均值，MPa。

图 6-15　抗冻试验

混凝土试件冻融后的质量损失率可按式(6-5)计算：

$$\Delta \omega_n = \frac{G_0 - G_n}{G_0} \times 100 \tag{6-5}$$

式中：$\Delta \omega_n$ ——N 次冻融循环后混凝土质量损失率，以三个试件的平均值计算，%；
　　　G_0 ——冻融循环试验前的试件质量，kg；
　　　G_n ——经 N 次冻融循环后的试件质量，kg。

锶渣混凝土冻融循环破坏试验结果见表 6-9。

锶渣混凝土冻融循环破坏试验结果　　　　　表 6-9

编　号	水泥掺量(kg/m³)	质量损失(%)		抗压强度损失(%)	
		25 次	50 次	25 次	50 次
8%水泥	170	1.25	1.62	7.14	15.3
10%水泥	213	0.96	1.12	5.95	13.1
普通混凝土	340	0.65	0.8	4.6	5.8

从表 6-9 可以看出，锶渣混凝土的抗冻性能不良，这与锶渣吸水性强有关，低温条件下，孔隙中的水全部冻结，体积增加 9%，使锶渣混凝土材料产生膨胀破坏，造成强度的降低。但重庆地区，虽然冬季雨水较多，但气温不低，很少出现负温气候，所以，锶渣混凝土在重庆地区出现冻融破坏的可能性很小。

6.3 本章小结

对锶渣混凝土路面混合料进行了配合比试验及路用性能评价。

（1）正交试验表明,抗压强度影响因素顺序为水泥用量＞渣率＞用水量＞碎石级配,抗折强度影响因素顺序为水泥用量＞用水量＞碎石级配＞渣率。综合分析抗压强度和抗折强度的影响规律,可以看出水泥用量对锶渣混凝土材料强度影响最大。

（2）根据正交试验及农村公路路面技术要求,推荐锶渣混凝土材料配合比为：8%水泥,渣率33%,13%用水量。

（3）锶渣混凝土材料28d弯拉强度为抗压强度的20.5%（一般混凝土为10%~14%）,"折压比"比普通混凝土的"折压比"高。

（4）选用自然养护、标准养护、水中养护、标养后保水24h这4种养护条件,分别进行强度试验。结果表明室内自然养护的强度远高于其他养护条件下的强度,标准养护因湿度较大,强度也较低,28d抗压强度只有干燥养护强度的82%。保水后强度下降将近一半,这说明对于锶渣路面排水显得尤为重要。

（5）对不同级配的锶渣混凝土材料抗压回弹模量试验表明,锶渣混凝土材料的弹性模量为贫混凝土的63.2%左右,为普通混凝土的37%左右,所以锶渣混凝土材料的抗裂性能要优于普通混凝土。

（6）不同级配的锶渣混凝土材料的干缩试验表明,因为锶渣是多孔材料,可以缓解一部分干缩引起的变形,使得同等水泥掺量下干缩率比普通混凝土低10%~20%。随着水泥掺量的增加,锶渣混凝土材料的干缩系数不断增加。与普通混凝土相比,锶渣面层早期收缩比较明显。

（7）不同级配的锶渣混凝土材料的温缩试验表明,在低温区间,温缩系数急剧下降,在0~-10℃区间,所有大孔隙中的水全部冻结膨胀,使锶渣混凝土材料也发生膨胀。在正温区,温缩系数随着温度的上升呈现增大的趋势。水泥用量增大,锶渣混凝土材料温度收缩系数呈上升趋势,但变化不大。

（8）不同级配的锶渣混凝土材料的抗冻试验表明,锶渣混凝土材料的抗冻性能不良,这与锶渣吸水性强有关系。低温条件下,孔隙中的水全部冻结,体积增加9%,使锶渣混凝土材料产生膨胀破坏,造成强度的降低。

7 农村公路锶盐废渣路面典型结构

为了提出适用于农村公路的锶渣路面合理结构,结合重庆地区的土壤地质和气候条件及室内外试验与调查资料,确定土基强度设计参数;根据交通量调查成果和西部地区经济发展水平,确定农村公路的交通参数;根据有关室内试验,确定西部农村公路筑路材料及其力学设计参数,最后提出适用于农村公路的锶渣路面典型结构,以供锶渣路面设计施工选用。

7.1 重庆地区自然条件

重庆地处长江中上游,与湖南省、湖北省、四川省、陕西省及贵州省接壤,属亚热带温湿气候,雨量充沛,无霜期长,湿度大,云雾多,秋季多绵雨,年平均降雨量 1 172mm,年内降雨量分配不均,多集中在 5~9 月,约占全年降雨量的 70%,平均相对湿度 80%。

根据中国公路自然区划,重庆属西南潮暖区(V2 区),区内潮湿系数 K = 1.25~1.75,最高达 2.0~3.0,年降水量 1 000~1 400mm,雨型为夏雨、秋雨,最大月雨期长度 3.5~4.5d,年平均气温介于 16~22℃,极端最高温度在 38~41℃之间;该地区为重庆低山地貌,最大地表切割深度 500~1 000m。土质以紫色黏土和红色黏土为主,岩石主要为易于风化的页岩。

由于该地区具有潮湿多雨,气温较高,地质情况较为复杂破碎,地下水较为发育等特点,因此该地区县乡公路在夏秋雨季容易诱发滑坡、塌方和泥石流等路基水毁病害;容易出现路基沉陷、路面基(垫)层材料水稳性不足导致的强度下降和破坏、沥青面层水稳性和抗水性不足引发的水损害等。

根据重庆大足地区的地形、地貌、气候等自然特点及其对公路工程的影响,该地区的路面结构设计必须遵循以下原则:水是影响本地区路基路面稳定的主要因素,要求本地区内路基路面结构组合设计必须保证其水稳性,由于黏土渗水性差,浸水后易湿软,容易产生淤泥和不均匀沉降,因此路面结构必须设置不透水、抗冲刷的基层,并做好路面排水;路基过湿地区,道路断面一般宜采用路堤并使边坡符合要求以保证路基强度;本地区内土质多系碳酸盐类的岩石风化而形成,结构稳定,强度较好,山地多,石料丰富,有利于路基路面中就地取材。

7.2 路基强度参数

7.2.1 农村公路路基模量值

表征土基强度的指标有回弹模量 E_0 和地基反应模量 K 及加州承载比 CBR 等,在我国路面结构设计中,土基的设计参数为回弹模量。只有土基具有一定的强度和稳定性,才能保证路面结构的稳定性和耐久性。对于新建公路可根据稠度、临界高度、地下水情况综合论证确定。

目前重庆大足地区农村公路大多为土基上加铺砂石材料,经行车逐年碾压形成的简易砂石路面或泥结碎石路面。为深入研究该地区农村公路旧路面的强度特性,对大足当地的三条旧路,采用承载板法对回弹模量进行现场测试。所有测试路段为泥结碎石和砂石路面,测试结果见表7-1。

重庆大足地区农村公路旧路面回弹模量实测值(单位:MPa) 表7-1

公路等级	实测回弹模量范围	均值	代表值	变异系数	测点数
乡道、村道	51.2~89.6	72.5	52.2	18.70%	18

从大足地区旧路回弹模量的实测结果可以看出,农村公路的路基强度极不均匀,由于农村公路路基通常较低,受地下水和长期地表积水的影响较大,加之农村公路路基排水设施不完善,导致路基强度和水稳性较差。综合以上对重庆大足地区农村公路旧路路基的试验结果,旧路路基回弹模量取 55~70MPa 是合适的。

7.2.2 路基强度等级划分

由调查的资料并结合当地的土壤地质、自然气候及路基的干湿状况可知,对新建公路而言,路基的回弹模量处于 25~55MPa 之间;对于改建公路,根据旧路基强度的试验结果可知,旧路基的回弹模量处于 55~70MPa 之间。表7-2 为重庆大足地区农村公路路基回弹模量参考值。

重庆大足地区农村公路路基回弹模量参考值(单位:MPa) 表7-2

区划	路基土状态 B_m	过湿 $H \leq H_3$ $B_m < 0.75 \sim 0.85$	潮湿 $H_3 < H \leq H_2$ $0.75 \leq B_m < 1.0$	中湿 $H_2 < H \leq H_1$ $0.9 \leq B_m < 1.2$	干燥 $H > H_1$ $1.05 \leq B_m$
V5	黏性土	<25	25~30	30~35	35~45
	粉性土	<22	22~25	25~35	35~45
	砂性土	25~30	30~35	35~45	45~50

根据重庆大足地区土质、水文、气候条件和《公路沥青路面设计规范》(JTG D50—2006)对土基模量低限值的规定,以及土基模量变化对基层厚度的影响分析,考虑到土基模量确定的偏差和基层结构设计及施工的合理性,在典型结构设计时,把土基强度划分为 4 个等级,如表 7-3 所示。

重庆大足地区农村公路路基强度等级划分　　　　表 7-3

强度等级	土基回弹模量(MPa)	土基干湿类型	说　　明
S1	25~35	潮湿~中湿	新建路基
S2	35~45	中湿~干燥	新建路基
S3	45~55	干燥或挖方路基	新建路基
S4	55~70	干燥或挖方旧路基	旧泥结碎石(砂石)路面

7.3　农村公路交通参数

农村公路与高等级公路的交通特点差别很大,因此选取重庆大足县不同类型的农村公路进行交通调查,以获得农村公路交通参数。

7.3.1　交通量调查与分析

采取两种途径获得交通调查资料:一种途径是从各地交通管理部门取得有关当地交通情况的报表,从而得到相关道路的交通资料;另一种途径是选择具有代表性的路段,通过人工方法获得交通量及其交通组成等信息。通过调查,确定某些地区典型农村公路不同时期、不同地点的交通量变化状况、交通组成。龙三路、幸福村道交通状况分别见图 7-1、图 7-2。

图 7-1　龙三路交通状况

图 7-2　幸福村道交通状况

（1）典型路段的交通调查

选取有代表性的乡道五条，分别为文荣路、高忠路、明高路、南珠路、龙三路；有代表性的村道五条，分别为庙高寺、胜光路、三寨路、陈家坝、金鱼路。统计各路段全部交通量和各种车型占相应路段全部交通量的百分比。表7-4为典型路段混合交通量及交通组成。图7-3、图7-4分别为乡道和村道交通组成分布。

典型路段混合交通量及交通组成　　　　　　表7-4

道路类型	路段	单位	小货车	中货车	大货车	小客车	中客车	大客车	摩托车	三轮车	自行车	合计
乡道	文荣路	辆/日	5	3	4	15	0	0	155	0	0	181
		%	2.8	1.7	2.2	8.1	0.0	0.0	85.5	0.0	0.0	100
	高忠路	辆/日	12	2	12	6	0	0	184	0	12	226
		%	5.1	0.9	5.1	2.7	0.0	0.0	81.2	0.0	5.1	100
	南珠路	辆/日	14	18	41	55	39	3	445	11	34	658
		%	2.1	2.7	6.2	8.3	5.9	0.5	67.6	1.6	5.1	100
	龙三路	辆/日	93	27	48	125	80	11	1778	276	221	2658
		%	3.50	1.00	1.80	4.70	3.00	0.40	66.90	10.40	8.30	100
	明高路	辆/日	27	5	28	117	0	0	913	104	137	1332
		%	2.0	0.4	2.1	8.8	0.0	0.0	68.6	7.8	10.3	100
村道	庙高寺	辆/日	4	0	2	6	0	0	35	0	0	47
		%	8.5	0.0	4.3	12.8	0.0	0.0	74.5	0.0	0.0	100
	胜光路	辆/日	2	2	0	4	0	0	48	0	8	64
		%	2.4	3.1	0.0	6.3	0.0	0.0	75.3	0.0	13.0	100
	三寨路	辆/日	4	2	0	10	0	0	83	10	5	115
		%	3.5	1.7	0.0	9.0	0.0	0.0	72.2	9.0	4.5	100
	金鱼路	辆/日	16	4	4	16	0	0	288	0	26	354
		%	4.5	1.1	1.1	4.5	0.0	0.0	81.4	0.0	7.4	100
	陈家坝	辆/日	6	6	2	18	0	0	151	8	20	211
		%	3.0	2.7	0.9	8.4	0.0	0.0	71.5	4.0	9.7	100

从典型路段交通组成分布堆积柱形图中，可以清晰地看到典型路段交通组成的全貌。在交通组成中，摩托车占绝大部分，自行车、小型货车和小型客车占有一定比例，大型货车以及大型客车所占的比例相对较少。

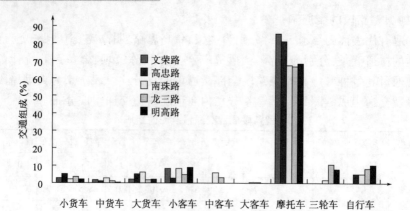

图 7-3 乡道交通组成分布

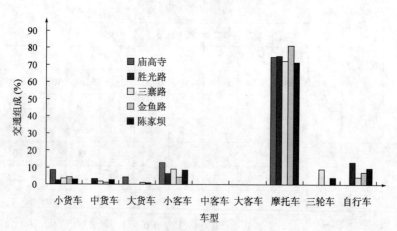

图 7-4 村道交通组成分布

(2)使用年限内标准轴载累计作用次数

选用标准轴载 BZZ-100,对不同交通车辆进行轴载换算,计算第一年每天当量轴次 N_1,乡道使用年限 10 年,村道使用年限 8 年,交通量年增长率取用 6%,按式(7-1)计算单车道设计年限内标准轴载累计作用次数。

$$N_e = \frac{365N_1}{\gamma}[(1+\gamma)^t - 1]\eta \tag{7-1}$$

式中:N_1——使用初期行车道(双向)的日平均标准轴载作用次数,轴次/日;

γ——设计使用期内交通流平均增长率;

η——车道系数,双向单车道取 1.0,双向双车道分道行驶取 0.5,双向双车道不分道行驶取 0.6(路面宽≥6.0m)和 0.7(路面宽<6.0m)。

按式(7-1)计算的不同路段的累计当量标准轴次见表7-5。

典型路段标准轴载累计作用次数　　　　　　　　表7-5

道路类型	路段	初期交通量 (标准轴次/昼夜)	拟使用年限 (年)	标准轴载累计作用次数 ($\times 10^4$ 次)
乡道	文荣路	4	10	1.3
	高忠路	12	10	4
	南珠路	47	10	15.8
	龙三路	66	10	22.2
	明高路	29	10	9.8
村道	庙高寺	2	8	0.7
	胜光路	0	8	0
	三寨路	0	8	0
	金鱼路	4	8	1.4
	陈家坝	2	8	0.7

7.3.2 交通等级划分

拟根据农村公路标准轴载累计作用次数的分布情况,将其划分为农一级、农二级和农三级三类交通等级(表7-6),以便对不同的交通等级推荐不同的路面结构。

交通等级划分　　　　　　　　表7-6

交 通 等 级	交通量(辆/日)	标准轴载累计作用次数(万次)
N1	≤10	≤3
N2	10~30	3~10
N3	30~80	10~30

7.4 影响锶渣路面性能的关键因素分析

7.4.1 影响锶渣基层沥青路面路用性能的关键因素正交分析

影响锶渣路面使用性能的原因是多方面的,从原材料的选用到施工质量控制的水平以及结构设计的合理性等均是路面使用性能的重要影响因素。在诸多的影响因素中,路面结构设计的合理性是保证路面使用性能的基础。只有在合理的结构设计的基础上,通过优良的施工质量控制和通车后养护才能保证路面具有良好的使用性能。表面弯沉、基层底部拉应力和土基顶部压应变是沥青路面的主要设计指标,也是路面性能的主要控制标准,以此为评价指标,分析影响锶渣基层沥青路面路用性能的关键因素。

(1) 影响因素及水平

在锶渣路面结构设计中主要考虑如下三个影响因素:基层厚度、面层厚度和土基模量。因素水平的确定,一般根据已有的经验确定大致的范围,选取范围的上下界和一个中间值。同时,因素水平的确定应具有代表性,能够客观反映实际情况。对于基层厚度,选取的三个水平是:18cm、20cm、22cm。对于面层厚度,选取的三个水平为:4cm、5cm、6cm。对于土基的模量,根据规范,按干燥、中湿、潮湿来划分,选取的三个因素水平为:30MPa、50MPa 和 70MPa。

(2) 正交分析

计算采用的路面结构参数见表7-7。采用美国 Kentucky 大学 Huang(1993)研发的弹性层状体系理论计算程序 KENLAYER 计算表面弯沉、基层底部拉应力和土基顶部压应变。计算结果见表7-8。表7-9 为正交试验结果直观分析。

路面结构参数表　　　　　　　　　　　　　　　　表7-7

项　目	厚度(cm)	模量(MPa)	泊　松　比
沥青混凝土	4,5,6	1 200	0.25
锶渣基层	18,20,22	650	0.35
泥结碎石	20	200	0.35
土基	—	30,50,70	0.45

$L_9(3^4)$ 正交试验方案和结果　　　　　　　　　表7-8

试验号	A 面层厚度	B 基层厚度	C 误差列	D 土基模量	参考指标		
					路表弯沉 (0.01mm)	基底拉应力 (MPa)	土基压应变 ($\times 10^{-4}$)
1	1(4cm)	1(18cm)	1	1(30MPa)	109.4	0.269	9.12
2	1	2(20cm)	2	2(50MPa)	78.4	0.228	6.04
3	1	3(22cm)	3	3(70MPa)	63.1	0.197	4.52
4	2(5cm)	1	2	3	66	0.221	4.81
5	2	2	3	1	102.2	0.242	8.46
6	2	3	1	2	73.7	0.203	5.63

续上表

试验号	A 面层厚度	B 基层厚度	C 误差列	D 土基模量	参考指标		
					路表弯沉 (0.01mm)	基底拉应力 (MPa)	土基压应变 ($\times 10^{-4}$)
7	3(6cm)	1	3	2	77.3	0.226	5.99
8	3	2	1	3	62.1	0.196	4.48
9	3	3	2	1	96	0.217	7.89

正交试验结果直观分析 表7-9

考察指标	因素	分析指标						
		K_1	K_2	K_3	k_1	k_2	k_3	R
路表弯沉 (0.01mm)	面层厚度	250.9	241.9	235.4	83.633	80.633	78.467	3.000
	基层厚度	252.7	242.7	232.8	84.233	80.900	77.600	6.633
	误差列	245.2	240.4	242.6	81.733	80.133	80.867	1.600
	土基模量	307.6	229.4	191.2	102.533	76.467	63.733	38.800
基底拉应力 (MPa)	面层厚度	0.694	0.666	0.639	0.231	0.222	0.213	0.018
	基层厚度	0.716	0.666	0.617	0.239	0.222	0.206	0.033
	误差列	0.668	0.666	0.665	0.223	0.222	0.222	0.001
	土基模量	0.728	0.657	0.614	0.243	0.219	0.205	0.038
土基压应变 ($\times 10^{-4}$)	面层厚度	19.68	18.9	18.36	6.560	6.300	6.120	0.440
	基层厚度	19.92	18.98	18.04	6.640	6.327	6.013	0.627
	误差列	19.23	18.74	18.97	6.410	6.247	6.323	0.163
	土基模量	25.47	17.66	13.81	8.490	5.887	4.603	3.887

图7-5～图7-7分别为以表面弯沉、基层底部拉应力和土基顶部压应变为评价指标进行的正交极值分析。

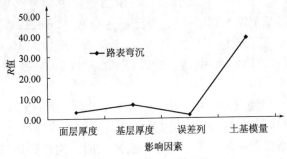

图7-5 路表弯沉的 R 值比较

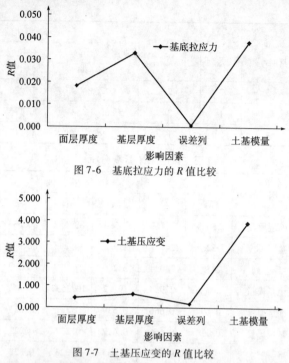

图 7-6 基底拉应力的 R 值比较

图 7-7 土基压应变的 R 值比较

由上述图表可以看出：

(1)土基模量对所选三个考察指标的影响明显高于其他因素,当土基从干燥变成潮湿状态时,路表弯沉增大 60.9%,基层底部拉应力增大 18.6%,土基顶部压应变增大 84.4%。所以锶渣路面建设中应非常重视对土基状况的改善,最好晴天施工,雨季施工一定要对土基进行处理,尽可能保证路基处于干燥状态。注意路侧排水设施的完善,排水不畅很容易使得路基软化,路基处于潮湿状态,易对路面造成破坏,并且路表需按要求设置一定的路拱以方便排水。

(2)基层厚度对路面性能影响较显著,说明施工中对老路基的整平很重要。在表面不平整的路基上铺筑锶渣基层,当土基高差超过 2cm,减薄部位的基层将使得弯沉增大 8.6%,基底拉应力增大 16.0%,土基压应变增大 10.4%,造成局部的破坏,进而影响锶渣路面的路用性能和使用寿命,所以施工中应整平旧路基,保证均匀的基层厚度。

(3)经过验算,旧沥青面层均处于受压状态,锶渣路面的破坏模式主要是土基压应变过大造成的局部沉陷,部分是因为锶渣基层层底拉应力过大造成的基层断裂后裂缝反射到路表引起的开裂。基层材料发生的结构性破坏,最终也将导致包括沥青材料层在内的整个路面结构的破坏,由此增大了路面后期维修、养护工作的难度,特别是中断交通、开挖基层并重新铺筑路面结构,不仅在经济上负担较重,而且在社会上负面影响也较大。因此,施工中要控制基层的施工质量,保证基层层底拉应力保持在较低的水平上,使得破坏仅发生在沥青混凝土表层,而不会出现锶渣基层材料先于沥青混凝土面层发生破坏的局面,彻底改变以往的维修方式。

(4)相对于路基厚度、土基模量,面层厚度对路面性能的影响相对较小。面层变化1cm对这三个考察指标的影响程度在3.8%~7.2%之间。

7.4.2 影响锶渣混凝土路面性能的关键因素正交分析

(1)影响因素和水平

在影响锶渣混凝土路面性能的诸多因素中主要考虑轴载大小、面层厚度和土基模量三个影响因素。

对于轴载大小,选取的三个水平是8t、10t、12t。对于面层厚度,选取的三个水平为18cm、20cm、22cm。对于土基的模量,根据规范,按干燥、中湿、潮湿来划分,选取的三个因素水平为30MPa、50MPa和70MPa。

(2)计算结果及正交分析

计算采用的路面结构参数见表7-10。采用ANSYS有限元程序,计算锶渣混凝土路面层底拉应力,结果见表7-11。表7-12为正交试验结果直观分析。以混凝土层底拉应力为评价指标的正交极值分析见图7-8。

路面结构参数表 表7-10

项 目	厚度(cm)	模量(MPa)	泊 松 比
锶渣混凝土	18,20,22	11 000	0.25
填隙碎石	6	200	0.35
手摆片石	25	200	0.35
土基	—	30,50,70	0.45

$L_9(3^4)$正交试验方案及计算结果 表7-11

试验号	A 面板厚度	B 轴载	C 误差列	D 土基模量	参考指标 层底拉应力(MPa)
1	1(18cm)	1(8t)	1	1(30MPa)	0.902 7
2	1	2(10t)	2	2(50MPa)	0.872 9
3	1	3(12t)	3	3(70MPa)	0.816 8
4	2(20cm)	1	2	3	0.697 9
5	2	2	3	1	0.857 9

续上表

试验号	A 面板厚度	B 轴载	C 误差列	D 土基模量	参考指标 层底拉应力（MPa）
6	2	3	1	2	0.788 1
7	3(22cm)	1	3	2	0.673 9
8	3	2	1	3	0.674 1
9	3	3	2	1	0.783 6

正交试验结果直观分析表　　　　　表7-12

考察指标	因素	分析指标						
		K_1	K_2	K_3	k_1	k_2	k_3	R
层底拉应力（MPa）	面层厚度	2.592 43	2.343 89	2.131 6	0.864	0.781	0.711	0.154
	荷载大小	2.274 5	2.404 94	2.488 48	0.758	0.802	0.829	0.071
	误差列	2.364 9	2.354 45	2.348 57	0.788	0.785	0.783	0.005
	土基模量	2.544 19	2.334 95	2.188 78	0.848	0.778	0.730	0.118

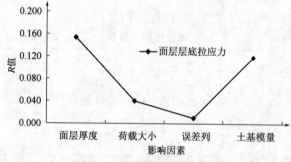

图7-8　层底拉应力的R值比较

由上述图表可以看出：

（1）面层厚度对锶渣混凝土路面的路用性能和使用寿命影响最大，面层厚度减薄2cm，锶渣混凝土路面层底拉应力提高10.6%，能承受标准荷载疲劳应力和温度梯度综合疲劳损坏的标准轴载累计作用次数从34 000次下降到5 700次，疲劳寿命仅剩原来的16.8%，表明施工过程中应严格按照设计的路面结构进行施工，而且摊铺锶渣混凝土时基层应该整平，保证面层厚度的均匀。

（2）土基模量在所选的三个考察指标中影响位居第二，当土基从干燥变成潮湿状态时，土基模量从50MPa下降到30MPa，面层层底拉应力增大9.0%，能承受标准荷载疲劳应力和温度梯度综合疲劳损坏的标准轴载累计作用次数从35 000次下降到8 000次,疲劳寿命仅剩原来的22.9%,所以锶渣路面建设中应非常重视对土基状况的改善,最好晴天施工,雨季施工时一定要对土基进行处理,尽可能保证路基处于干燥状态。同时,排水不畅很容易使得路基软化,所以应注意路侧排水设施的完善。

(3)荷载大小在所选的三个考察指标中影响相对较小,当作用荷载提高2t时,面层层底拉应力提高5.8%,能承受标准荷载疲劳应力和温度梯度综合疲劳损坏的标准轴载累计作用次数从56 000次下降到21 000次,疲劳寿命为原来的37.5%,表明超载对锶渣路面的使用寿命影响也较大,加上锶渣混凝土路面抗压强度与抗拉强度均较低,所以应注意尽量避免大货车之类的重载车上路。

7.5 典型结构设计与推荐

7.5.1 锶渣基层沥青路面结构设计

(1)弹性层状体系与设计指标

采用美国Kentucky大学Huang(1993)研发的弹性层状体系理论计算程序KENLAYER计算路表弯沉,根据沥青混凝土、沥青表处结构形式的锶渣路面计算弯沉与实测弯沉结果,实测路表弯沉值l_s小于或等于设计弯沉值,作为确定沥青路面结构厚度的标准。

《公路沥青路面设计规范》(JTG D50—2006)设计标准:为控制路基结构的总变形,防止沉降、车辙等整体强度不足导致的破坏,采用设计弯沉指标——路基路面结构表面在双圆均布荷载下轮隙中心处的实测路表弯沉值l_s小于或等于设计弯沉值l_d,作为确定沥青路面结构厚度的设计标准,即

$$l_d = 600 N_e^{-0.2} A_c A_s A_b \tag{7-2}$$

式中:l_d——路面设计弯沉值,0.01 mm;

N_e——设计年限内一个车道上的累计标准轴,次;

A_c——公路等级系数;

A_s——面层类型系数;

A_b——基层系数。

根据大足当地的交通状况和路基路面结构类型,取值分别为:

A_c = 1.1(二级公路)或1.2(三、四级公路)。

A_s = 1.0(沥青混凝土面层);1.1(热拌沥青碎石、乳化沥青碎石、上拌下贯或贯入式路面);1.2(沥青表处);1.3(中低级路面)。

$A_b = 1.0$(半刚性基层)或 1.6(柔性基层)。

通过室内试验发现,锶渣基层的弹性模量比普通的半刚性基层模量小很多,常见半刚性基层模量为 1 300MPa 左右,而锶渣基层模量实测值为 560~720MPa,锶渣路面的变形性能比常见半刚性基层大,锶渣基层既不能等同于常见的半刚性基层,也非柔性基层。现行《沥青路面设计规范》对一些特殊类型基层的系数取值界定不够准确,基层类型的变化与基层系数的取值之间缺乏有效的关联,系数取值不能如实反映基层厚度和类型的变化情况,从而影响设计。基层类型系数是设计弯沉公式中的重要参数,合理地定义基层类型系数取值对锶渣基层沥青路面结构设计具有十分重要的意义。

锶渣基层的基层系数取值:通过各层参数先计算出路表理论弯沉值,再经弯沉综合修正公式求出设计弯沉值。由于设计弯沉与累计当量轴次成反比,因此可运用内插法,通过内插 A_b 为 1.0 和 1.6 时的设计弯沉值求出轴载次数 N_e,进而可求出 A_b,结果见表 7-13。

表 7-13 基层系数与基层模量之间关系

基层模量(MPa)	250	500	650	900	1 100	1 300
计算弯沉(1/100)	106.9	91.1	86.6	81.7	78.9	76.7
实测弯沉(1/100)	96.0	74.1	68.3	62.2	58.9	56.1
累计标准轴次 N_e(次)	248 832	303 381	317 828	333 022	341 241	348 216
基层系数	1.6	1.28	1.20	1.10	1.05	1.00

因此,锶渣基层的基层系数 A_b 取 1.2 较为合适。

(2)计算弯沉综合修正

路面厚度是根据弹性多层体系理论、层间接触状态为完全连续,在以双圆均布荷载作用下,轮隙中心实测路表弯沉值 l_s 等于设计弯沉值 l_d 的原则进行计算,即 $l_s = l_d$。由于力学计算模型、土基模量、材料特性和参数等方面在理论假设和实际状态之间存在一定的差异,使理论弯沉值和实测弯沉值之间存在一定误差,因此需要对理论弯沉值进行修正,通过对大量的实测资料进行分析(图 7-9),得到如下实测弯沉和理论弯沉关系式:

$$l_s = 1\,000 \cdot \frac{2P\delta}{E_0}\alpha_C \cdot F \tag{7-3}$$

$$F = 1.63\left(\frac{l_s}{2\,000\delta}\right)^{0.38}\left(\frac{E_0}{P}\right)^{0.36} \tag{7-4}$$

式中:F——弯沉综合修正系数;

l_s ——路面实测弯沉值;
δ ——当量圆半径;
E_0 ——土基回弹模量;
P ——轮胎接地压强;
α_C ——理论弯沉系数,计算公式为

$$\alpha_C = f\left(\frac{h_1}{\delta}, \frac{h_2}{\delta}, \cdots, \frac{h_{n-1}}{\delta}, \frac{E_2}{E_1}, \frac{E_3}{E_2}, \cdots, \frac{E_0}{E_{n-1}}\right)$$

其中 E_1、$E_2 \cdots E_{n-1}$ ——各层材料回弹模量,MPa;

h_1、$h_2 \cdots h_{n-1}$ ——各结构层厚度,cm。

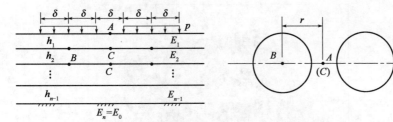

图 7-9 路表弯沉计算图示

(3) 推荐的锶渣基层沥青路面典型结构

考虑到基层施工厚度最低一般不宜低于 15cm,故交通量最小的道路上基层厚度也采用 15cm。

7.5.2 锶渣混凝土路面结构设计

(1) 设计准则

水泥混凝土路面选取混凝土板的纵向边缘中部作为产生最大荷载和温度梯度综合疲劳损坏的临界荷位。

对于锶渣混凝土路面结构,设计时以弯曲开裂,即行车荷载作用产生的荷载疲劳应力和温度梯度作用产生的疲劳应力之和 $\sigma_{tr} + \sigma_{pr}$ 不超过混凝土弯拉强度的设计值 f_r 为设计标准。同时按照现行规范,采用概率型设计方法,即

$$\gamma_r(\sigma_{pr} + \sigma_{tr}) \leq f_r \tag{7-5}$$

式中:σ_{pr} ——行车荷载疲劳应力,MPa;

σ_{tr} ——温度疲劳应力,MPa;

f_r ——混凝土的弯拉强度标准值;

γ_r ——可靠度系数,依据所选目标可靠度及变异水平按表确定。

(2)荷载应力有限元方法

力学模型是进行荷载应力分析的基础,其正确与否将直接影响到最终的计算结果。力学模型的选择根据路面结构进行适当的假设和简化,并采用相应的计算理论。锶渣混凝土路面结构可视为由面层、基层及地基组成的弹性层状体,本书用ANSYS 有限元软件对锶渣混凝土路面进行分析。

收敛性分析时采用标准轴载 BZZ-100,轮胎内压 0.7MPa,单个轮压作用范围 18.9cm×18.9cm,接触面积 357.21cm^2,双轮间距 32cm,两侧轮隙间距 182cm,荷载作用位置为临界荷位,即纵向边缘中部,建立的 ANSYS 模型见图 7-10。计算结果见图 7-11。

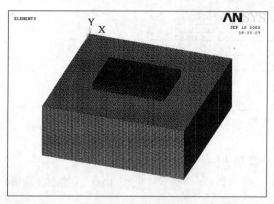

图 7-10 单轴双轮 ANSYS 有限元分析模型

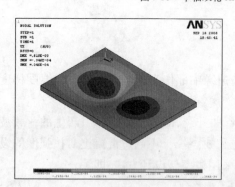 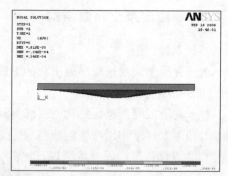

图 7-11 计算结果云图

(3)推荐的锶渣基层沥青路面典型结构

尽管不同乡镇间交通量差别很大,但是村道基本采用"土基+25cm 手摆片石+6cm 填隙碎石+20cm 锶渣混凝土路面"这种单一的路面结构,应根据当地的交通需求采用与实际相符的路面结构。不同交通等级下锶渣混凝土路面的推荐结构见表7-14~表7-17。

锶渣路面典型结构推荐(一)　　　　　　　　　　　表7-14

道路等级:乡道　交通水平:标准轴载累计作用次数<10万次

土基类型	典型结构一	典型结构二
S1 E_0 30~40MPa 或土基代表弯沉 $L \leq 330 \times 10^{-2}$ mm	沥青混凝土5cm 锶渣基层17cm	沥青表处3cm 锶渣基层17cm
S2 E_0 40~50MPa 或土基代表弯沉 $L \leq 250 \times 10^{-2}$ mm	沥青混凝土5cm 锶渣基层15cm	沥青表处3cm 锶渣基层15cm
S3 E_0 50~60MPa 或土基代表弯沉 $L \leq 200 \times 10^{-2}$ mm	沥青混凝土5cm 锶渣基层15cm	沥青表处3cm 锶渣基层15cm
使用说明	典型结构一可应用于交通量水平较高、相对重要的乡道,典型结构二可用于交通量水平较低、重要性偏低的乡道; 作为确定沥青路面结构厚度的设计标准,考虑到基层施工厚度最低一般不宜低于15cm,因而S2、S3类型基层均采用15cm	

锶渣路面典型结构推荐(二)　　　　　　　　　　　表7-15

道路等级:乡道　交通水平:10万次<标准轴载累计作用次数<30万次

土基类型	典型结构一	典型结构二
S1 E_0 30~40MPa 或土基代表弯沉 $L \leq 330 \times 10^{-2}$ mm	沥青混凝土5cm 锶渣基层20cm	沥青表处3cm 锶渣基层20cm

续上表

土基类型	典型结构一	典型结构二
S2 E_0 40~50MPa 或土基代表弯沉 $L \leq 250 \times 10^{-2}$ mm	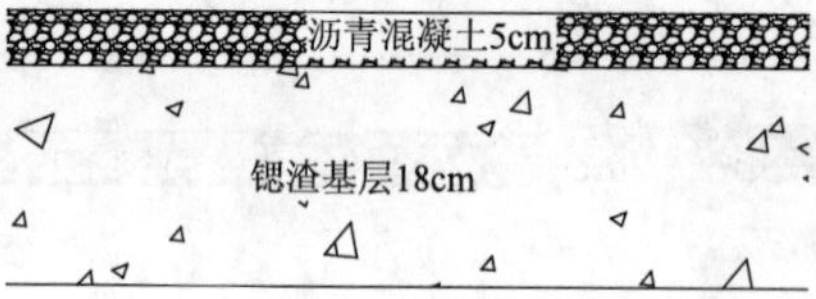 沥青混凝土5cm / 锶渣基层18cm	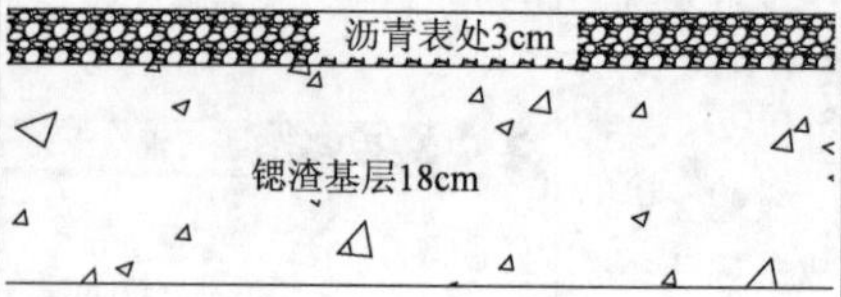 沥青表处3cm / 锶渣基层18cm
S3 E_0 50~60MPa 或土基代表弯沉 $L \leq 200 \times 10^{-2}$ mm	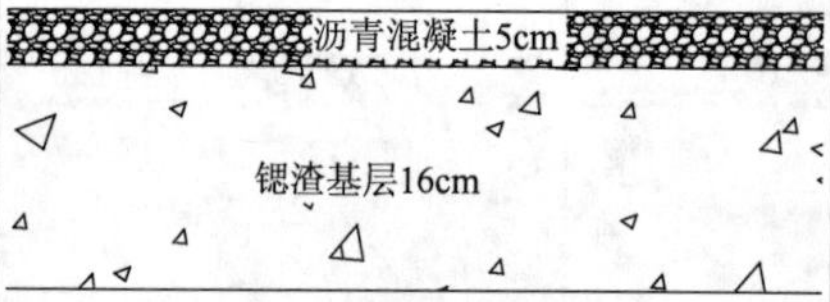 沥青混凝土5cm / 锶渣基层16cm	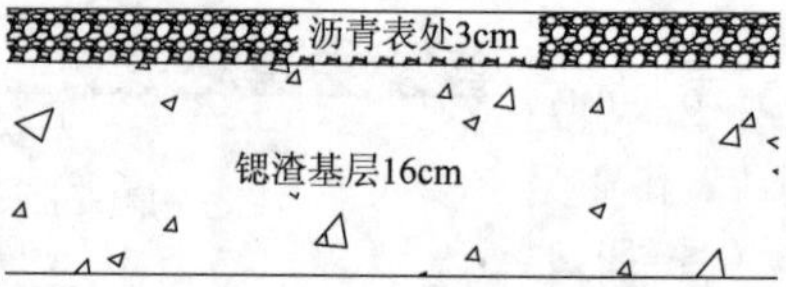 沥青表处3cm / 锶渣基层16cm
使用说明	典型结构一可应用于交通量水平较高、相对重要的乡道,典型结构二可用于交通量水平较低、重要性偏低的乡道	

锶渣路面典型结构推荐(三)　　　　表7-16

道路等级:乡道　交通水平:30万次<标准轴载累计作用次数<50万次

土基类型	典型结构一	典型结构二
S1 E_0 30~40MPa 或土基代表弯沉 $L \leq 330 \times 10^{-2}$ mm	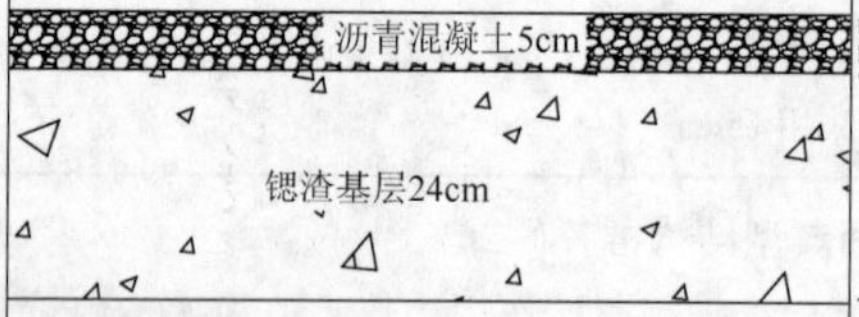 沥青混凝土5cm / 锶渣基层24cm	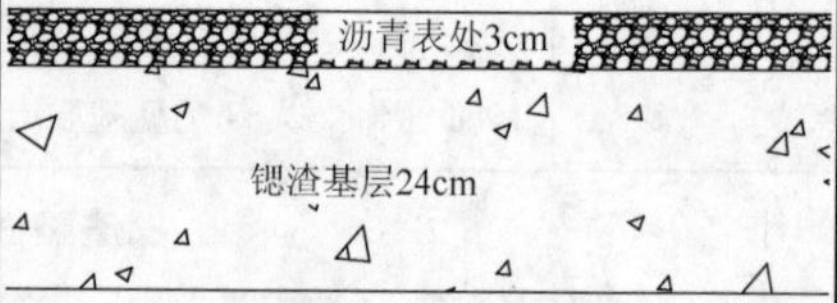 沥青表处3cm / 锶渣基层24cm
S2 E_0 40~50MPa 或土基代表弯沉 $L \leq 250 \times 10^{-2}$ mm	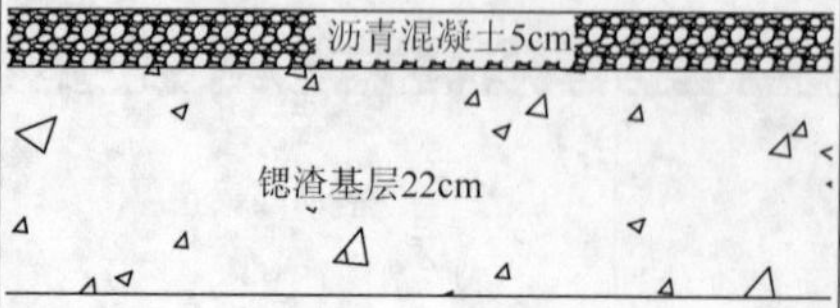 沥青混凝土5cm / 锶渣基层22cm	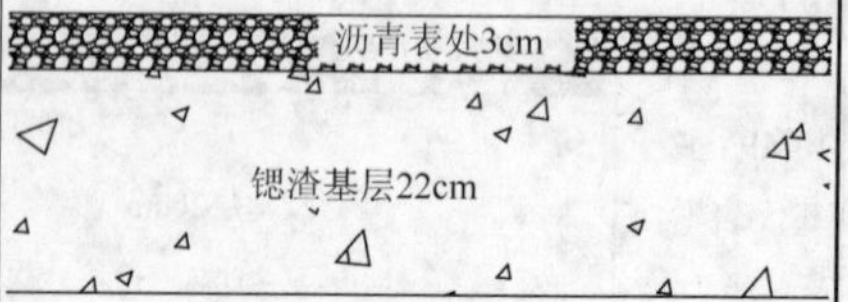 沥青表处3cm / 锶渣基层22cm

农村公路锶盐废渣路面典型结构

续上表

土基类型	典型结构一	典型结构二
S3 E_0 50~60MPa 或土基代表弯沉 $L \leq 200 \times 10^{-2}$ mm	沥青混凝土5cm 锶渣基层20cm	沥青表处3cm 锶渣基层20cm
使用说明	典型结构一可应用于交通量水平较高、相对重要的乡道,典型结构二可用于交通量水平较低、重要性偏低的乡道	

锶渣路面典型结构推荐（四） 表7-17

道路等级:村道

结构类型	典型结构一	典型结构二
土基类型	S1 E_0 30~40MPa 或土基 250×10^{-2} mm≤代表弯沉 $L \leq 330 \times 10^{-2}$ mm	S2 E_0 40~50MPa 或土基代表弯沉 $L \leq 250 \times 10^{-2}$ mm
标准轴载累计作用<0.3万次	17cm锶渣混凝土 6cm填隙碎石 25cm手摆片石 土基	16cm锶渣混凝土 6cm填隙碎石 25cm手摆片石 土基
标准轴载累计作用0.3万~1.4万次	21cm锶渣混凝土 6cm填隙碎石 25cm手摆片石 土基	20cm锶渣混凝土 6cm填隙碎石 25cm手摆片石 土基
标准轴载累计作用1.4万~5万次	23cm锶渣混凝土 6cm填隙碎石 25cm手摆片石 土基	22cm锶渣混凝土 6cm填隙碎石 25cm手摆片石 土基
使用说明	典型结构一可应用于土基相对较潮湿、强度较低的村道,典型结构二可用于土基相对较干燥、强度较高的村道	

7.6 锶渣路面不切缝机理分析

混凝土路面设置接缝,不但破坏路面结构完整性,使水易从接缝渗入基层和土基,降低路面结构承载力,而且极易出现错台、唧泥、脱空等破坏以致影响行车平顺性。另外,接缝设置使路面施工成本提高,运营过程中维护成本也较高,严重影响锶渣混凝土路面在农村公路中的广泛应用。下面从力学和材料特性角度分别分析锶渣水泥混凝土路面是否需要布置接缝。

7.6.1 锶渣混凝土路面抗裂性能评价

对于路面材料的抗裂性能,我国目前还没有统一的规定,路面材料开裂性能评价指标主要有干缩系数、温缩系数、干缩抗裂系数、温缩抗裂系数以及断裂韧度评价指标等,其中温缩抗裂系数和干缩抗裂系数在评价材料的抗裂性能时,不仅考虑了温缩和干缩系数等材料特性,还考虑了其力学性能,因而该评价指标具有较好的适用性。因此,本书采用温缩抗裂系数和干缩抗裂系数对锶渣混凝土路面的抗裂性能进行评价。

道路的开裂模式可以理解为在荷载应力、温度应力和干缩应力的作用下材料收缩形变超过了材料自身所能承受的最大拉应变。对交通量小的农村公路,因其交通荷载作用相对较小,干缩和温缩作用更为明显,因此可以用温缩系数或干缩系数与材料极限拉应变的比值来表征其抗裂性能,即用温缩抗裂系数$[T]$和干缩抗裂系数$[\omega]$来表征材料在温度和湿度变化条件下的抗裂性能,计算见式(7-6)和式(7-7),其值越大表明材料抗温(干燥)开裂性能越好。

$$[T] = \frac{\varepsilon_{\max}}{\alpha_T} \tag{7-6}$$

$$[\omega] = \frac{\varepsilon_{\max}}{\alpha_d} \tag{7-7}$$

上述式中:$[T]$——温缩抗裂系数;

$[\omega]$——干缩抗裂系数;

$\varepsilon_{\max}$——极限拉应变;

α_d——干缩系数;

α_T——温缩系数。

极限弯拉试验参考《公路工程水泥及水泥混凝土试验规程》(JTG E30—

2005),在液压式万能试验机上进行,如图 7-12 所示。

图 7-12　极限弯拉应变试验

对锶渣混凝土和普通 C30 混凝土进行干缩和温缩试验,获得其抗裂参数如表 7-18 所示。

锶渣混凝土抗裂性能评价　　　　表 7-18

参数指标	极限拉应变 ε_{max} ($\times 10^{-6}$)	温缩系数 α_T ($\times 10^{-6}$)	干缩系数 α_d ($\times 10^{-6}$)	温缩抗裂系数 $[T]$(℃)	干缩抗裂系数 $[\omega]$(%)
锶渣混凝土	147	5.2	280	28.3	0.525
普通 C30 混凝土	100	10	526	10	0.19

从表 7-18 可以看出,锶渣混凝土材料的温缩抗裂系数为普通混凝土的 2.83 倍,干缩抗裂系数为普混凝土的 2.76 倍,表明锶渣混凝土路面的抗收缩性能大大优于普通混凝土。

7.6.2　力学角度的不切缝机理分析

(1)按翘曲应力和荷载应力验算

①翘曲应力。

水泥混凝土路面板在日温差影响之下产生的翘曲变形受到阻力时,引起的翘曲应力超过水泥混凝土路面的弯拉强度,路面板将断裂成平面尺寸较小的板块。对于长而宽的板,在距板边很远的板中央处,由于板自重的约束,板无翘曲变形,其挠度与曲率均为零时,板顶面的拉应力为:

$$\sigma_0 = \frac{E\alpha_t \Delta t}{2(1-v)} \tag{7-8}$$

式中:E——锶渣混凝土材料的回弹模量,MPa;

α_t——锶渣混凝土材料的热膨胀系数,试验测得为 5.3×10^{-6};

Δt——锶渣混凝土路面顶部与底部的温度差,℃;

υ——锶渣混凝土材料的泊松比,取 0.15。

由于大足所在地的公路自然区划为Ⅴ区,并且日最大温差较小、湿度较大,故最大温度梯度取 85℃/m,锶渣混凝土路面的厚度为 20cm,则 Δt 为 17℃。

由于锶渣混凝土路面不设接缝,因而采用宽度为 B,板长平行于 x 轴,延伸无限远的长板模型(图 7-13)来计算其温度翘曲应力。

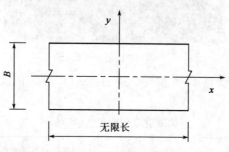

图 7-13 板长为无限大板

板底 y 方向的翘曲应力为:

$$\sigma_{ty} = \sigma_0 \left\{ 1 - \frac{2\cos B_1 \mathrm{ch} B_1}{\sin 2B_1 + \mathrm{sh} 2\lambda} \left[(\tan B_1 + \mathrm{th} B_1)\cos\frac{y}{\sqrt{2}l} \mathrm{ch}\frac{y}{\sqrt{2}l} + (\tan B_1 - \mathrm{th} B_1)\sin\frac{y}{\sqrt{2}l}\mathrm{sh}\frac{y}{\sqrt{2}l} \right] \right\}$$

(7-9)

式中:σ_0——板中翘曲变形完全受阻时的应力;

B_1—— $B_1 = \frac{B}{\sqrt{8}l}$,其中 l 为相对刚度半径,$l = \sqrt[4]{\frac{Eh^3}{12(1-\mu^2)k}} = 0.622\mathrm{m}$;

λ——混凝土的导热系数。

板底 x 方向的翘曲应力为:

$$\sigma_{tx} = \sigma_0 + \mu(\sigma_{ty} - \sigma_{t0})$$

(7-10)

则板中 x 方向翘曲应力最大,$\sigma_{txmax} = 0.58\mathrm{MPa}$。

②荷载应力。

乡道、村道中交通车型以摩托车、小型客车、人力三轮车和自行车为主,占总交通量的 95% 以上,货车尤其是大型的货车几乎没有,因此采用标准双轮轴载计算显然是偏于安全的。对图 7-14 所示路面结构在荷载作用下的锶渣水泥混凝土面层受力进行分析,图中 1 号点为双圆荷载中心,2 号点位置为一侧单圆荷载内边缘,3 号点位置为一侧单圆荷载中心,4 号点位置为荷载外缘。

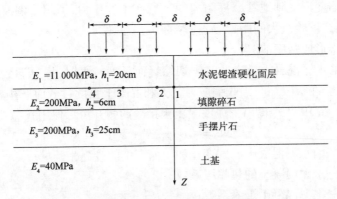

图 7-14 轴载作用下路面结构示意图

荷载应力计算结果见表 7-19,可以看出,x 方向板底最大拉应力为 0.852MPa,y 方向板底最大拉应力为 0.665MPa。

锶渣水泥混凝土面层层底拉应力计算值　　　　表 7-19

点位	X 方向应力(MPa)	Y 方向应力(MPa)	Z 方向应力(MPa)
1	0.846	0.578	−0.278
2	0.852	0.608	−0.281
3	0.833	0.665	−0.282
4	0.691	0.449	−0.235

③翘曲应力 + 荷载应力。

按式(7-11)判断锶渣混凝土路面是否需要切缝:

$$K(\sigma_{tm} + \sigma_{pm}) \leq [f_r] \tag{7-11}$$

式中:K——强度折减系数,取 0.7;

σ_{tm}——锶渣混凝土路面的最大温度翘曲应力,MPa;

σ_{pm}——锶渣混凝土路面的最大荷载应力,MPa;

$[f_r]$——锶渣混凝土路面的容许抗拉强度,MPa。

将上述温度翘曲应力和荷载应力计算结果代入式(7-11)得到:

$$K(\sigma_{tm} + \sigma_{pm}) = 1.0\text{MPa} \leq [f_r](=1.8\text{MPa}) \tag{7-12}$$

由此可知,锶渣混凝土路面在不切缝的情况下,温度翘曲应力和荷载应力的共同作用不会引起面层的开裂。

(2)按均匀收缩应力验算

水泥混凝土路面因温度变化产生的温度变形受到约束阻力而产生温度应力。

按照均匀收缩变形受到地基摩擦阻力约束所产生的应力,不超过混凝土容许拉应力的原则,确定缩缝最大间距,是最基本的方法之一。

①面层未形成强度前。

新浇筑的水泥混凝土板未及时锯切缩缝而长度较大时,一旦遇到温度骤然下降的情况,便会在板收缩时因收缩应力过大和混凝土强度过低而产生断裂。Darter 和 Barenberg,在 1977 年提出水泥混凝土板接缝的张开可近似用式(7-13)计算:

$$\Delta L = CL(\alpha_t \Delta T + \varepsilon_d) \tag{7-13}$$

式中:ΔL ——因水泥混凝土温度变化和干缩产生的接缝张开量;

α_t ——水泥混凝土的热膨胀系数;

ε_d ——水泥混凝土干缩系数;

L ——接缝间距或板长;

ΔT ——温度变化范围;

C ——板与底基层摩擦力的修正系数,粒料底基层取 0.8。

由式(7-13)可知,面板的收缩应变为:

$$\varepsilon = \frac{\Delta L}{L} = C(\alpha_t \Delta T + \varepsilon_d) \tag{7-14}$$

极限抗拉应变是描述混凝土早期抗拉性能的重要指标之一。根据收缩裂缝的形成规律可知,当水泥锶渣面层收缩应变 ε 小于或等于该面层材料的极限抗拉应变 ε_{TSC} 时,裂缝不会出现。现将室内试验测试的水泥锶渣面层最初 3d 的干缩应变及总收缩应变列于表 7-20。

干缩应变与总应变汇总表　　　　　　　　　　　表 7-20

测试时间(d)	1	2	3
干缩应变($\times 10^{-6}$)	-29	4	45
总收缩应变($\times 10^{-6}$)	19.2	45.6	78.4

由表 7-20 可知,在最初的 3d 里,锶渣混凝土路面的总收缩应变均小于其极限抗拉应变 ε_{TSC}($= 110 \times 10^{-6}$)。由于锶渣这种材料本身具有的特殊性,使得锶渣混凝土路面的干缩系数和温缩系数仅是普通水泥混凝土的一半左右,并且在浇筑后出现先膨胀(一天或两天内)后收缩的现象。上述两种现象的存在保证了新浇筑的混凝土板在未锯切缩缝时,不会因板收缩应力过大和混凝土强度过低而产生断裂。

混凝土的水灰比越低,其最小极限拉应变越小。然而锶渣多孔隙,拌和时需水量较大,并且锶渣混凝土路面早期体积变化不大,因而早期它的开裂敏感性较低。由此可知,未形成强度的锶渣混凝土路面在不切缝的情况下,均匀收缩应力不会引起面层的开裂。

②面层形成强度后。

摩擦阻力的分布与位移的趋势有关。据调查,当位移的趋势至少为 1.5mm 时,摩擦应力才能产生。根据路面板的位移趋势与承受摩擦阻力的情况,可以将长度为 L 的路面板分为滑动区(AB、CD)和固定区(BC)(图7-15)。在固定区内面板无位移发生,因而也不产生摩擦阻力。在滑动区,面板产生不同程度的位移,同时存在摩擦阻力。由于降温时发生收缩位移受阻,锶渣混凝土面板产生内应力(图7-16)。

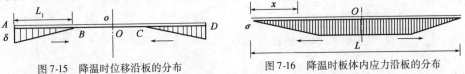

图7-15 降温时位移沿板的分布　　图7-16 降温时板体内应力沿板的分布

由于锶渣混凝土路面不设接缝,也并不存在贯穿裂缝,因此可视为整个面板无位移趋势发生,皆处于固定区内,形似完全固端约束,其温度应力为:

$$\sigma = \alpha_t E T_n \tag{7-15}$$

其中,T_n 为施工温度与月最高(或最低)平均温度之差,经在大足当地调研并从气象局获取资料综合考虑后取 20℃。则 $\sigma = 1.17\text{MPa} < [f_{sp}]$($= 1.34\text{MPa}$)。

由此可知,开放交通后锶渣混凝土路面在不切缝的情况下,均匀收缩应力不会引起面层的开裂。

然而 Jansen 根据湿度沿深度分布而进行的应力分析,认为表层 2cm 内由于干燥收缩而引起的拉应力有可能超过混凝土的抗拉强度,从而导致混凝土表层出现发状裂纹,这与现场调研所发现的现象相符。

7.6.3 材料性能角度的不切缝机理分析

(1)水灰比与孔隙率的关系

测定锶渣与机制砂的吸水率及含水率,结果见表7-21。

废渣吸水率及含水率(单位:%)　　表7-21

废　渣	含　水　率	1h 吸水率	24h 吸水率
锶渣	21.2	42.4	44.8
机制砂	—	1.1	2.8

注:锶渣的含水率是在出厂20d,在自然条件下测定的。

锶渣的含水率和吸水率明显大于机制砂。对比24h吸水率,锶渣为44.8%,而机制砂为2.8%,相差悬殊,从而判断锶渣的吸水性强。锶渣的1h吸水率和24h吸水率相差不多,说明锶渣吸水快。

由于锶渣的吸水性很强,施工过程中为了达到适当的工作性就必须添加比较多的水,而水分蒸发过程中形成的孔隙较多,使得硬化的锶渣混凝土孔隙率较大。孔隙率计算公式为:

$$p_c = \frac{V_c}{V_p} = \frac{\frac{w}{c} - 0.36\alpha}{\frac{w}{c} + 0.32} \tag{7-16}$$

式中:p_c——孔隙率;
V_c——毛细孔体积;
V_p——水泥浆体初始体积;
$\frac{w}{c}$——水灰比;
α——水化程度。

式(7-16)表明,孔隙率很大程度上取决于 w/c,当水灰比提高时孔隙率也提高。

由图 7-17 与图 7-18 可知,w/c 对毛细孔有明显的影响。大量孔隙的存在可以有效避免锶渣混凝土路面的收缩开裂。

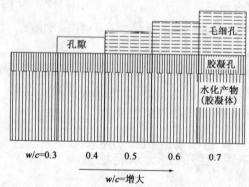

图 7-17 水化后水泥浆体的体积组成

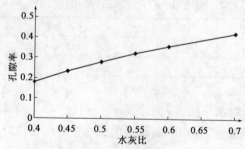

图 7-18 水化程度 $\alpha = 0.75$ 时孔隙率与水灰比的关系

(2)三氧化硫的作用

锶渣中,三氧化硫的存在形式以硫酸钙为主,当掺入水泥混凝土后,有的会生成水化硫铝酸钙晶体(即钙矾石)。这种晶体含有大量结晶水,使水泥体积增加1.5倍以上,产生膨胀应力,影响水泥的安定性,造成混凝土开裂。有的会析出石膏晶体,体积增大1.24倍,使水泥石因应力过大而开裂。

采用硫酸钡重量法测定锶渣中三氧化硫的含量。表7-22为锶渣、粉煤灰和矿渣中三氧化硫含量的对比。

SO_3 含量测定结果(单位:%)　　　　　　　　表7-22

锶　渣	粉煤灰	矿　渣
4.7	0.2	2.5

由表7-22可以看出,在常温下锶渣三氧化硫含量为4.7%,大于粉煤灰和矿渣。

锶渣的吸水性很强,而锶渣混凝土材料因利用锶渣部分胶凝作用只用少量的水泥(8%)即可满足农村公路的交通需求,因而锶渣混凝土材料的水灰比较大,致使硬化过程中水分蒸发引起的体积收缩比较大。但锶渣混凝土材料利用三氧化硫偏高会带来潜在的膨胀,膨胀所需的额外空间可以通过水分蒸发形成的毛细孔而获得,锶渣的这种特性使得三氧化硫带来的潜在的膨胀特点和水灰比较大带来的潜在的收缩特点互相抵消,跟膨胀水泥的作用机理类似。加上试验结果显示的锶渣混凝土材料的温缩系数仅为普通混凝土的一半左右,表明其温度敏感性小,使得锶渣路面抗裂性能良好。试验路检测结果表明,锶渣混凝土路面不需设置缩缝。

7.6.4　锶渣路面不需切缝的最大水泥掺量

当地部分乡镇经济条件较好,修筑锶渣路面时水泥掺量较正常锶渣路面的水泥掺量高2%~4%。然而随着水泥用量的提高,会增大锶渣混凝土路面的干缩和温缩应力,可能会出现路面开裂的状况。分别对水泥用量为10%、12%和14%的锶渣混凝土路面温度应力和荷载应力进行分析,预估其是否会开裂。

(1)10%水泥掺量

①翘曲应力与荷载应力验算。

由室内试验可知,当水泥掺量为10%时,抗折强度为2.6MPa,劈裂强度为1.94 MPa。试验测得其弹性模量为15.8GPa;α_t为锶渣混凝土路面的热膨胀系数,试验测得为 5.5×10^{-6};荷载疲劳应力和温度疲劳应力的计算方法可以按式(5-12)

进行。

$$\gamma_r(\sigma_{pr} + \sigma_{tr}) = 0.7 \times (0.352 + 1.69) = 1.43\text{MPa} \leq 2.6\text{MPa}$$

②按均匀收缩应力验算不切缝。

$$\sigma = \alpha_t ET_n = 1.74\text{MPa} < [f_{sp}](=1.94\text{MPa})$$

水泥用量选用10%,配合比中其他参数依据推荐级配,选用20cm厚的锶渣混凝土路面,可以承受路面偏载和动载因素对路面的影响,也能承受设计基准期内荷载疲劳和温度疲劳的综合疲劳作用,而且不用切缝。

(2)12%水泥掺量

①翘曲应力与荷载应力验算。

由室内试验可知,当水泥掺量为12%时,抗折强度为3.4MPa,劈裂强度为2.53MPa。试验测得其弹性模量为19.2GPa;α_t为锶渣混凝土路面的热膨胀系数,试验测得为5.8×10^{-6};荷载疲劳应力和温度疲劳应力的计算方法可按式(5-12)进行。

$$\gamma_r(\sigma_{pr} + \sigma_{tr}) = 0.7 \times (0.528 + 1.69) = 1.43\text{MPa} \leq 2.6\text{MPa}$$

②按均匀收缩应力验算不切缝。

$$\sigma = \alpha_t ET_n = 2.23\text{MPa} < [f_{sp}](=2.53\text{MPa})$$

水泥用量选用12%,配合比中其他参数依据推荐级配,选用20cm厚的锶渣混凝土路面,可以承受路面偏载和动载因素对路面的影响,也能承受设计基准期内荷载疲劳和温度疲劳的综合疲劳作用,而且不用切缝。

(3)14%水泥掺量

①翘曲应力与荷载应力验算。

由室内试验可知,当水泥掺量为14%时,抗折强度为3.8MPa,劈裂强度为2.8MPa。试验测得其弹性模量为23.2GPa;α_t为锶渣混凝土路面的热膨胀系数,试验测得为6.2×10^{-6};荷载疲劳应力和温度疲劳应力的计算方法可以按式(5-12)进行。

$$\gamma_r(\sigma_{pr} + \sigma_{tr}) = 0.7 \times (0.81 + 1.69) = 1.75\text{MPa} \leq 2.6\text{MPa}$$

②按均匀收缩应力验算不切缝。

$$\sigma = \alpha_t ET_n = 2.88\text{MPa} < [f_{sp}] = 2.8\text{MPa}$$

水泥用量选用14%,配合比中其他参数依据推荐级配,选用20cm厚的锶渣混凝土路面,能承受设计基准期内荷载疲劳和温度疲劳的综合疲劳作用,但因收缩应力大于锶渣路面的劈裂强度,需要设置缩缝以释放收缩应力。综合上述分析,建议锶渣混凝土路面的最大水泥掺量为12%,否则可能需要预切缝。

7.7 陡坡、拐弯等特殊路段的处理

对于陡坡和弯道等特殊路段,为了增强道路的抗滑能,一般设置刻槽,因此陡坡路段宜提高水泥掺量,增加强度,以保证锶渣路面的耐磨性。同时陡坡路段因为爬坡和制动,路面偏载和动载因素对路面的影响较大。

由室内试验可知,当水泥掺量为 10% 时,抗折强度为 2.6MPa。试验测得其弹性模量为 15.8GPa;α_t 为锶渣混凝土路面的热膨胀系数,试验测得为 5.5×10^{-6}。

考虑到上下坡因为爬坡和制动,路面偏载和动载因素对路面的影响加大,上下坡因为爬坡和制动,路面偏载和动载因素对路面的影响加大,综合系数 k_c 取为 1.2。可按下式计算其疲劳荷载应力:

$$\sigma_{pr} = k_r k_f k_c \sigma_{ps} = 1.55 \text{MPa}$$

则板中 x 方向翘曲应力最大,$\sigma_{tx} = 0.86$MPa,疲劳系数为:

$$K_t = \frac{f_r}{\sigma_{tm}} \left[a \left(\frac{\sigma_{tm}}{f_r} \right)^c - b \right] = \frac{1.8}{0.58} \left[0.871 \left(\frac{0.58}{1.8} \right)^{1.287} - 0.071 \right] = 0.409$$

由 $\sigma_{tr} = k_t \sigma_{tm}$ 可知温度疲劳应力,$\sigma_{tr} = 0.409 \times 0.86 = 0.352$MPa,则

$$\gamma_r (\sigma_{pr} + \sigma_{tr}) = 1.09 \times (0.352 + 1.69) = 2.23 \text{MPa} \leq 2.6 \text{MPa}$$

因而,陡坡或拐弯路段,水泥用量选用 10%,配合比中其他参数依据推荐级配,选用 20cm 厚的锶渣混凝土路面,可以承受路面偏载和动载因素对路面的影响,也能承受设计基准期内荷载疲劳和温度疲劳的综合疲劳作用。因此,建议对于陡坡和弯道等特殊路段适当提高水泥用量至 10%,以便于刻槽抗滑。

7.8 本章小结

(1)农村公路的路基强度极不均匀,由于农村公路路基通常较矮,受地下水和长期地表积水的影响较大,加之农村公路路基排水设施不完善,导致路基强度和水稳性较差。对新建公路而言,路基的回弹模量处于 25~55MPa;而对于改建公路,回弹模量取 55~70MPa。根据土基模量变化对基层厚度的影响分析,考虑到土基模量确定的偏差和基层结构设计及施工的合理性,将土基强度划分为四个等级。

(2)典型路段交通调查表明,在农村公路上,摩托车占绝大部分,自行车、小型货车和小型客车占有一定比例;大型货车以及大型客车所占的比例相对较少。根据农村公路标准轴载累计作用次数的分布情况,将其划分为农一级、农二级和农三级三类交通等级。

(3)对锶渣基层沥青路面性能的关键因素分析表明:

①土基模量对所选三个考察指标的影响明显高于其他因素的影响,当土基从干燥变成潮湿状态时,路表弯沉增大 60.9%,基层底部拉应力增大 18.6%,土基顶部压应变增大 84.4%,所以锶渣路面建设时应非常重视对土基状况的改善。

②基层厚度对路面性能影响较显著,说明施工中对老路基的整平很重要,在表面不平整的路基上铺筑锶渣基层,当土基高差超过 2cm,减薄部位的基层将使得弯沉增大 8.6%,基底拉应力增大 16.0%,土基压应变增大 10.4%,会造成局部的破坏,进而影响锶渣路面路用性能和使用寿命,所以施工中应整平老路基,保证均匀的基层厚度。

③锶渣基层沥青路面的表面沥青层均处于受压状态,锶渣路面的破坏模式主要是土基压应变过大造成的局部沉陷,部分是因为锶渣基层层底拉应力过大造成的基层断裂后裂缝反射到路表引起的开裂。

④相对于路基厚度、土基模量,面层厚度对路面性能的影响相对较小。

(4)对锶渣混凝土路面性能的关键因素分析表明:

①面层厚度对锶渣混凝土路面的路用性能和使用寿命影响最大,面层厚度减薄 2cm,疲劳寿命仅为原来的 16.8%,表明施工过程中应严格按照设计的路面结构进行施工,而且摊铺锶渣混凝土时基层应该整平,保证面层厚度的均匀。

②土基模量对锶渣混凝土路面使用寿命也有较大影响,当土基从干燥变成潮湿状态时,疲劳寿命仅为原来的 22.9%,所以锶渣路面建设应非常重视对土基状况的改善。

③当作用荷载提高 20% 时,面层层底拉应力提高 5.8%,路面疲劳寿命为原来的 37.5%,表明超载对锶渣路面的使用寿命影响也较大,加上锶渣混凝土路面抗压强度与抗拉强度均较低,所以应注意尽量避免大货车之类的重载车上路。

(5)根据力学计算及农村公路路面使用特点,推荐了适用于不同交通量和土基状况的锶渣基层沥青路面和锶渣混凝土路面典型结构。

(6)均匀收缩应力或温度翘曲应力和荷载应力的共同作用不会引起锶渣混凝土路面面层的开裂,因此锶渣混凝土路面一般不需设置接缝。故减少了施工工序,降低了路面施工和养护成本,有利于这种路面的大规模推广应用。

(7)锶渣的含水率和吸水率明显大于机制砂。硬化的锶渣混凝土材料孔隙率较大。大量空隙的存在可以有效避免锶渣混凝土路面的收缩开裂。锶渣中三氧化硫带来的潜在膨胀和水灰比较大带来的潜在收缩互相抵消,使得锶渣路面抗裂性能良好。

(8)建议锶渣混凝土路面的最大水泥掺量为 12%,否则可能需要预切缝。

(9)建议对于陡坡和弯道等特殊路段适当提高水泥用量至 10%,以便于刻槽抗滑。

8 试验路铺筑及路用性能观测

8.1 水泥锶渣碎石基层试验路

在已经完成了水泥稳定锶渣碎石基层材料的选择、典型结构的设计等室内研究的基础上,进行现场的试验路铺筑,用以论证和检验室内试验的研究成果。

8.1.1 试验路概况

试验路为位于重庆市大足县石马镇团结村的玉石路和国弥路,道路等级为乡道,道路里程约15km,路面设计标准轴载为BZZ-100,设计年限为8年,设计年限内标准轴载累计作用为30万次。当地大部分土质为砂黏土,有小部分土质为页岩土。水泥锶渣碎石稳定基层的设计宽度为5.5m,厚度为20cm,道路结构形式(图8-1)为在原有乡道老路基上铺水泥锶渣温度碎石基层,面层形式为5cm厚沥青混凝土,锶渣基层预算造价为13万~14万元/km。

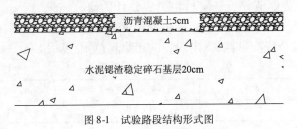

图 8-1 试验路段结构形式图

8.1.2 原材料

(1)水泥

选用大足县古龙水泥厂生产的 P.O 325 号水泥,各项指标均合格。见表 8-1。

水泥的技术性质测试结果 表 8-1

材料名称	强度(MPa)		安定性(mm)	凝结时间(min)	
	3d	28d		初凝	终凝
地维牌 P.O 325 号水泥	20.3	38.9	合格	176	433

(2)锶渣

选用大足红蝶壅溪锶盐厂原状锶渣,含水率如表 8-2 所示。

现场所用锶渣含水率测定结果　　表 8-2

项　目	试样 1	试样 2	试样 3
盘重(g)	274.9	272.2	274.1
湿盘(g)	1 356.4	1 379.1	1 179.1
干盘(g)	1 242.1	1 269.3	1 081.4
含水率(%)	11.8	11.0	12.1

(3)碎石

在现场将 20~40mm、10~20mm、0~10mm 三个规格的碎石按 1∶1∶1 的比例混合。碎石主要指标如表 8-3 所示,碎石的性能满足要求。

碎石测试结果　　表 8-3

压碎值(%)	含泥量(%)	表观密度(g/cm³)	细长扁平颗粒含量(%)
25.3	2.4	2.68	16.7

(4)拌和用水

选用生活用自来水。

8.1.3 水泥锶渣碎石基层施工配合比

根据室内水泥锶渣碎石基层材料组成设计的研究结果,现场的水泥锶渣碎石基层混合料的级配也采用悬浮密实和骨架密实两种结构。由室内设计的 XFZ、XFX、GJS、GJZ 四个级配,可以确定现场的粗集料范围,见表 8-4。

粗集料推荐级配范围　　表 8-4

方孔筛尺寸(mm)	<4.75（锶渣）	4.75~9.5	9.5~19.0	19.0~31.5	>31.5
累计筛余(%)	100	61~73	30~52	5~23	0

(1)现场配合比范围

根据现场的集料范围可以得到现场的配合比范围,见表 8-5。

施工现场配合比范围　　表 8-5

材料	水泥	碎石	锶渣	水
质量比(%)	5	61~73	27~39	7.1~9.5

因为在农村公路施工中,不可能做到将碎石进行严格筛分,所以,只能通过将几个规格的碎石进行调配,尽可能接近设计的混合料结构类型。试验路采用 XFZ 和 GJZ 两个级配作为目标级配。将 20~40mm 规格碎石称为 1 号料,10~20mm 规

格碎石称为2号料,0~10mm 规格称为3号料,锶渣称为4号料。具体的XFZ的实际配合比为:1号料:2号料:3号料:4号料 = 5:25:31:39。GJZ的实际配合比为:1号料:2号料:3号料:4号料 = 23:29:21:27。分别取样,筛分后的结果见表8-6、表8-7。

XFZ 目标配合比 1、2、3、4 号料筛分结果　　　　　表 8-6

孔径(mm)	筛上质量(g)	分计筛余(%)	累计筛余(%)	通过百分率(%)
37.5	0	0	0	100
31	74	2	2	98
19	296	8	10	90
9.5	851	23	33	67
4.75	962	26	59	41
<4.75	1 517	41	100	0

GJZ 目标配合比 1、2、3、4 号料筛分结果　　　　　表 8-7

孔径(mm)	筛上质量(g)	分计筛余(%)	累计筛余(%)	通过百分率(%)
37.5	0	0	0	100
31	294	7	7	93
19	882	21	28	72
9.5	1 050	25	53	47
4.75	588	14	67	33
<4.75	1 386	33	100	0

(2)现场配合比与室内配合比对比

由表8-6和表8-7的筛分结果,与室内设计的级配曲线比较(图8-2、图8-3),可看出现场碎石的级配比室内试验时粗。但考虑到实际工程,可以认为级配是满足要求的。

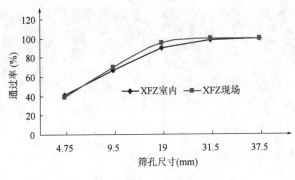

图 8-2　XFZ 现场级配与室内级配关系

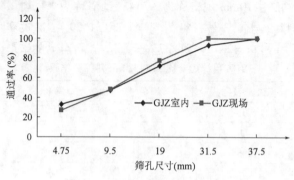

图 8-3 GJZ 现场级配与室内级配关系

8.1.4 施工流程

水泥稳定类基层混合料的施工方法一般有:路拌法、集中厂拌人工配合平地机摊铺法和集中厂拌摊铺机摊铺法三种。但根据农村公路的施工条件,决定采用机械拌和人工配合机械施工,施工流程如图8-4所示。

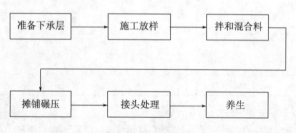

图 8-4 施工流程图

(1)准备下承层(图 8-5)

根据原路段的情况,对老路基进行处理,处理的方式为用手摆片石,对宽度不

图 8-5 下承层准备

达标的部位拓宽,之后用较细的材料作为嵌缝料,嵌缝料可以用碎石也可以用锶渣,经过碾压成型后即可进行水泥锶渣碎石基层的施工。

(2)施工放样

由于在原有老路基上铺筑水泥锶渣碎石基层,所以对放样工作并不像新建公路那样严格。此项工作主要是在一些明显线形不流畅的地方对路线进行调整,确保基层的线形顺畅和有足够的宽度,同时采用打桩拉线的方法确保基层的。

(3)拌和混合料(图8-6)

采用川仪生产的JDY500D型强制式搅拌机。该搅拌机的公称容量为500L,额定进料容量800L,每小时工作循环次数>50,理论生产率20~27m^3/h。拌和时,含水率稍大于最佳含水率,使混合料运到现场摊铺后碾压后的含水率接近最佳含水率。后场配备约10名工人,除了1人负责控制搅拌机外,其余人员负责备料及投料。拌和过程中准确控制含水率。含水率视天气条件作适当调整,大于最佳含水率的1%~2%,使混合料运到现场摊铺后碾压时的含水率接近最佳值。

图8-6 混合料搅拌

(4)混合料的运输

水泥锶渣碎石混合料在运输及施工过程中,常常发生粗细集料离析现象。因此,从运输车在料斗下时就要防止粗细集料的离析。装车时,车辆应前后移动,分三次装料,宜先装车厢靠前部分,再装车厢靠后部分,最后装中间部分。运输车辆为载重10t的自卸汽车,运距约2km。在运输过程中,保持中速行驶,尽量减少混合料的离析和水分蒸发,同时注意环境保护。要求运料车的箱板密封、保水性好,在装料前及卸料后清除车箱底,防止混合料凝结。

(5)摊铺碾压

摊铺前,底基层表面适当洒水湿润。采用自卸汽车将在后场拌和的混合料运到施工路段,根据运距和气温情况,必要时用适当材料予以覆盖,以防水分损失或细料飞扬。将混合料卸到施工路段的前进方向,首先采用装载机将混合料初步整平,再由人工进一步整平,整平时要特别注意使混合料均匀,避免明显的离析(图8-7)。按每10m测点检测,摊铺前先测底面高程,压实之前测定松铺高程;压实完成后,通过对基层顶面高程的测定,计算出准确的松铺系数。表8-8为试验路测试的现场松铺系数。

图8-7 机械配合人工摊铺

玉石路施工现场(前场)松铺系数测定　　　　　　　　　　　　　表8-8

测　　点	压实前厚度(cm)	压实后厚度(cm)	松铺系数
1	23.6	19.5	1.21
2	23.7	19.3	1.23
3	24	20.5	1.17
4	24.8	21	1.18

压实是铺筑水泥锶渣碎石混合料的关键环节,达到较高的压实度可以使混合料具有良好的性能。水泥锶渣碎石基层的压实与普通的水稳基层类似,当摊铺长度满足压路机的工作长度区间时即可开始碾压。碾压时(图8-8)必须在最佳含水率条件下一次性压实成型。用12~15t压路机静压1~2遍,接着用振动压路机碾

图8-8 碾压

压6遍,碾压速度前两遍宜采用1.5~1.7km/h,以后宜采用2.0~2.5km/h。碾压方向与路中线平行,由边到中、由低到高一次连续碾压。碾压时重叠1/3~1/2轮宽,后轮必须超过两段接缝处。基层全宽全深范围都应均匀碾压到规定的压实度,直到表面无明显轮迹为止。图8-9为水泥锶渣基层干密度随碾压遍数的变化规律,可以看出碾压8遍后密度不再增加。

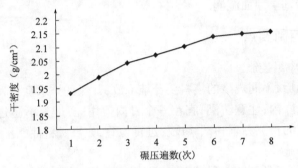

图8-9　水泥锶渣基层干密度随碾压遍数的变化

水泥锶渣碎石基层施工时间原则上不能超过3~4h,并应短于水泥的终凝时间。在碾压过程中混合料的表面应始终保持潮湿,如表面水蒸发过快应及时补洒少量的水。压实后表面应平整、无轮迹或隆起。若有弹簧、松散、起皮的现象,应及时翻松重新拌和或采取其他相应的措施处理,使其达到质量要求。

严禁压路机在已经完成的或正在碾压的路段上掉头或紧急制动,以保证已摊铺路段表面不受破坏。

(6)接头处理(图8-10)

同日施工的两个工作段的衔接处应搭接拌和。第一段拌和后留5~8m不再碾压;第二段施工时要再加部分水泥,重新拌和,并与第二段一起碾压。不同日施工

图8-10　接头处理

段要将混合料碾压密实后,做成斜坡状,下次施工时将斜坡挖除。末端挖成与路中心线垂直向下的断面,高程和平整度符合要求,其他部分全部清除掉。摊铺时应将断面处充分洒水,保证结合质量。

(7)养生

每一施工段碾压完成后宜采用人工湿法养生,养生期一般为7d,整个养生期间应该始终保持基层顶面湿润。

8.1.5 质量控制要点

(1)原材料质量控制

原材料进场后,不同规格的集料要分堆堆放,并保证排水良好,必要时需覆盖。水泥应存放在仓库内;注意防潮,宜在一个月内使用完,最长不超过三个月。各种原材料按照规定的检测频率和试验规程进行检验,如果材料性能不符合规定,要采取相应的补救措施。

①水泥:采用不低于325号的硅酸盐水泥或普通硅酸盐水泥。

②锶渣:含水率控制在配合比要求的范围内,如果是陈锶渣需单独洒水闷料。

③碎石:最大粒径为31.5mm,施工前按不同粒径分开堆放。

(2)施工控制要点

①使用发热量和收缩性小的水泥,降低拌和温度。任何气温下,水泥进搅拌机的温度不大于55℃,搅拌温度不高于35℃,水泥本身引起的温度升高不大于3℃。

②锶渣基层铺筑时一般宜在气温30℃以下进行,夏季气温高于30℃时,宜避开中午施工,可在早上、傍晚或夜间施工。

③高温时,对拌和物采取降温措施:锶渣、碎石料堆加遮阳棚;抽用地下冷水或冰水拌和;使用长时间在太阳下暴晒的干燥集料时,应充分洒水润湿;在每日气温最高和日照最强烈时遮阳施工;加快各施工环节的衔接,尽量缩短各环节所耗时间。

④基层顶面在混凝土摊铺前要充分洒水润湿。

⑤可通过加铺一层塑料薄膜以减弱基层顶面的摩擦力。

⑥锶渣基层铺筑过程中,要避免日光直射,防止混凝土温度大幅上升或表面干燥。

⑦锶渣基层成型后应及时养生,养生应保证基层表面受到全面覆盖,并始终潮湿。采用覆盖洒水养生时,高温季节要加强洒水,确保锶渣基层表面保持足够的湿度,严禁出现表面发白的现象。

⑧在刮风天气施工时,要加快施工速度,加强养生措施。

(3)施工质量检测

①土基完成后应检查其密实度(图8-11),基层完成后应检查其强度和均匀性。

②按要求规定验收水泥、锶渣及碎石,并测定其含水率(图8-12),以调整用水量。

③检查磅秤的准确性,抽查材料配量的准确性。

④摊铺混凝土前,应检查基层的平整度和路拱横坡;检查模板的位置和高程。

⑤冬季和夏季施工时,应测定混凝土拌和及摊铺时的温度。

⑥观察混凝土拌和、运输、振捣、整修和接缝等工序的质量。

图8-11 现场干密度测定

图8-12 拌和物含水率现场抽检

8.2 石灰锶渣碎石基层试验路

8.2.1 试验路概况

试验路为位于重庆市大足县的平玉路和麻元沟路,道路等级为乡道,道路里程约15km,该试验路结构形式为:路基宽6.5m,路面宽5.5m,石灰锶渣碎石基层设计厚度为20cm,面层为3cm厚沥青表处,预算为13万~14万元/km。见图8-13。

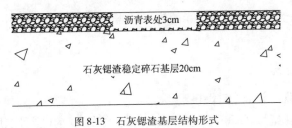

图8-13 石灰锶渣基层结构形式

8.2.2 原材料

(1)锶渣

选用大足红蝶壅溪锶盐厂原状锶渣,颗粒组成较为均匀。平玉路后场锶渣含水率见表8-9。

现场所用锶渣含水率测定结果 表8-9

项 目	试样1	试样2	试样3
盘重(g)	275	272.4	274.3
湿盘(g)	1 354.2	1 341.5	1 383.6
干盘(g)	1 266.3	1 258.4	1 281.2
含水率(%)	8.88	8.43	8.73

(2)生石灰

选用的石灰为铜梁石灰厂生产的生石灰,各项指标均满足要求,见表8-10。

生石灰技术指标 表8-10

活 性 成 分	含量(%)
CaO + MgO	80
未消化残渣含量	不大于11

(3)碎石

选用古龙乡石灰岩碎石,当地出产碎石的常用规格为 20～40mm、10～20mm、0～10mm。在现场按1:1:1的比例随机抽取三种规格的集料混合。碎石主要指标如表8-11所示,碎石的性能满足规范的要求。

碎石测试结果 表8-11

压碎值(%)	含泥量(%)	表观密度(g/cm^3)	细长扁平颗粒含量(%)
24.6	2.3	2.72	14.2

8.2.3 石灰锶渣碎石基层施工配合比

根据室内研究成果,考虑实际的施工状况,施工配合比定为:石灰:锶渣:碎石 = 8:32:60。

8.2.4 施工流程

(1)拌和站现场设备(图8-14)

装载机1台(型号 ZL50C,斗量 3.1m^3),运料车10辆(型号东风 10～12t)。

图 8-14 施工机械

(2)后场拌和流程

拌和站工艺流程按以下顺序进行:

堆料→洒水→备料→拌和→运输

①堆料:在拌和站内应将石灰、锶渣、碎石三种原材料分别堆放(图 8-15)。

②洒水:在备料前一天应对石灰洒水,使生石灰与水充分发生化学反应生成拌和所需要的熟石灰。在备料开始之前,先用水管洒水将碎石表面湿润,以避免天气过热使其水分蒸发,降低其含水率。

③备料:用型号 ZL50C 推土机进行备料。

a. 材料配合比:石灰:锶渣:碎石 = 8:32:60。

b. 备料过程:2 铲碎石、1 铲锶渣 + 1 铲碎石 + 1 铲石灰 + 1 铲碎石、1 铲锶渣 + 2 铲碎石、1 铲锶渣。

④拌和(图 8-16):用型号 ZL50C 推土机从底部向上进行翻拌。在拌和过程中,应用水管对拌和料进行洒水,直到拌和均匀为止。

拌和时间:12min,40~50 铲。

图 8-15 施工后场　　　　图 8-16 混合料拌和

⑤运输:用运料车(东风 10~12t)运输。

运料车(东风10~12t)1车 = 推土机(ZL50C)3铲(图8-17)。

(3)前场施工设备

①单钢轮振动压路机1台:静压16t,振动压35~40t。

②装载机1台:型号为ZL30,斗量1.6m³。

(4)施工工艺

①准备下承层(图8-18)。

根据原路段的情况,对老路基进行处理,处理的方式为用手摆片石,对宽度不达标的部位拓宽,手摆片石摆好后用较细的材料作为嵌缝料,嵌缝料可以用碎石也可以用锶渣,经过碾压成型后即测定弯沉值,弯沉值满足要求即可进行石灰锶渣碎石基层的施工。

图8-17 混合料装载

图8-18 下承层准备

②卸料。

采用自卸汽车将在后场拌和的混合料运到施工路段,将混合料卸到道路施工路段的前进方向。

③整平。

首先采用ZL30型装载机将混合料初步整平,再由人工进一步整平。松铺系数控制在1.1~1.3之间。表8-12为试验路测试的现场松铺系数。

施工现场松铺系数测定结果   表8-12

测 点	压实前厚度(cm)	压实后厚度(cm)	松铺系数
1	24	20	1.2
2	25.6	21	1.22
3	22.6	20.5	1.1
4	22.2	19.3	1.15

④碾压。

用12~15t压路机静压1~2遍,接着用振动压路机在全宽路段内进行碾压,碾压时重叠1/3~1/2轮宽,后轮必须超过两段接缝处。一般需要6遍,前两遍宜采用1.5~1.7km/h的碾压速度,以后宜采用2.0~2.5km/h,直到表面无明显轮迹为止,现场摊铺见图8-19。表8-13为石灰锶渣基层不同碾压遍数后的干密度,可以看出碾压8遍后密度增加缓慢。当碾压第8遍的时候,现场的干密度相当于室内试验的最大干密度,表明其压实状态已达到要求,可停止碾压。

现场干密度测定结果　　　　　　　　　　　　　　　　表8-13

压 实 次 数	现场干密度(g/cm³)	压 实 次 数	现场干密度(g/cm³)
第1遍	1.51	第5遍	1.72
第2遍	1.56	第6遍	1.79
第3遍	1.60	第7遍	1.85
第4遍	1.65	第8遍	1.88

⑤养生。

每一施工段碾压完成后应立即开始机械或人工养生,养生期一般为7d,整个养生期间应该始终保持基层顶面湿润,试验路竣工后状态见图8-20。

图8-19　现场摊铺

图8-20　试验路竣工后状态

8.2.5　施工质量控制

(1)原材料质量控制

原材料进场后,不同规格的集料要分堆堆放,并保证排水良好,必要时需覆盖。水泥应存放在仓库内;注意防潮,宜在一个月内使用完,最长不超过三个月。各种原材料按照规定的检测频率和试验规程进行检验,如果材料性能不符合规定,要采取相应的补救措施。

①石灰:保证细度和有效活性物质含量符合要求,控制含水率不大于4%。
②锶渣:含水率控制在配合比要求的范围内,如果是陈锶渣需单独洒水闷料。
③碎石:最大粒径为31.5mm,施工前按不同粒径分别堆放。其质量应满足相关的规范要求。
④水:生活用自来水。

(2)施工质量检测
①土基完成后应检查其密实度,基层完成后应检查其强度和均匀性。
②按要求规定验收水泥、锶渣及碎石,并测定其含水率,以调整用水量。
③检查磅秤的准确性,抽查材料配量的准确性(图8-21、图8-22)。
④摊铺混凝土前,应检查基层的平整度和路拱横坡;检查模板的位置和高程。
⑤冬季和夏季施工时,应测定混凝土拌和及摊铺时的温度。
⑥观察混凝土拌和、运输、振捣、整修和接缝等工序的质量。

图8-21 现场碎石级配抽样

图8-22 现场压实度检测

(3)质量控制要点
影响石灰锶渣碎石压实的因素,除涉及碾压含水率、压实功、压实厚度、碾压速度和遍数等因素,还包含以下影响因素:
①灰剂量的准确与否。因为施工中的原材料是变化的,而石灰锶渣碎石混合料性能与生石灰中有效氧化钙的含量有很大关系。
②消石灰的放置时间。工程受自然、气候等因素影响较大,消解的石灰不能很快使用,导致石灰的放置时间过长,影响石灰有效成分的利用。
③石灰土的放置时间。石灰土施工采用场拌,石灰与土拌和后,放置在空气中,使灰剂量损失,从而使实测灰剂量失真。

此外,为了保证石灰锶渣碎石基层的路用性能,还应做到以下几点:
①严格控制作业段长度,要根据气候变化调整作业段长度。气温高,水分蒸发

快时,作业段长度应适当缩短,反之则可延长作业段长度。

②检查磅秤的准确性,抽查材料配量的准确性。拌和必须均匀,并严格控制含水率,严格掌握基层厚度,水泥稳定混合料应在处于或略大于最佳含水率时碾压,直至达到要求的密实度。

③用12~15t三轮压路机碾压时,每层压实厚度不超过15cm。18~20t三轮压路机碾压时,不超过20cm。碾压要采用"初压、振压、重压、稳压"的工序。初压使混合料相对稳定,便于整型。振压使水泥分布均匀,粒料组合密实。重压才能达到最佳密实度,获得足够的强度。稳压则进一步使表面粒料稳定并消除重压时产生的轮迹。

④尽可能缩短从加水拌和到碾压终了的延迟时间,不应超过3~4h。

⑤加强养生期间的控制。必须保湿养生,不使层面干燥,但也不应忽干忽湿。洒水养生要采用雾状喷洒养生,以免水流压力过大,将基层表面冲出坑槽。由于基层初期强度较低,应控制交通,限制重车通行。

⑥施工中应严格控制基层厚度和高程,其路拱横坡应与面层一致,密实度要达到97%以上。若出现坑槽、松散,应采用相同的材料修补压实,严禁用松散粒料填补,严禁用薄层贴补法进行找平。

⑦严禁压路机在已完成的路段上掉头和紧急制动。

8.3 锶渣混凝土试验路

8.3.1 试验路概况

选取大足县智凤镇七里村村道、万古镇弹花路和龙石镇高白路进行试验路的铺筑,道路全长约为30km,路面设计宽度为3.5m,设计厚度为20cm,因工业废渣的合理利用,该试验路段预算为17.8万元/km,其结构如图8-23所示。

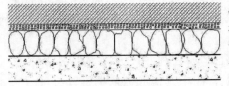

图8-23 锶渣混凝土路面结构形式

8.3.2 原材料

(1)水泥

大足县古龙水泥厂生产的P.O 325号水泥,各项指标均合格。

(2) 碎石

选用古龙乡石灰岩碎石,现场碎石级配见表8-14,性能满足要求。

现场碎石级配　　　　　　　　　　　表8-14

筛孔尺寸(mm)	筛上质量(g)	分计筛余(%)	累计筛余(%)	通过率(%)
31.5	94.3	1.30	1.30	98.70
19	4 667.2	64.90	66.20	33.80
9.5	2 233.6	31.10	97.30	2.70
4.75	164.9	2.30	99.60	0.40
筛底	25.6	0.40	—	—

(3) 锶渣

选用大足红蝶壅溪锶盐厂原状锶渣,含水率见表8-15。

后场锶渣含水率的测定结果　　　　　　　　表8-15

项　目	试样1	试样2	试样3
盘重(g)	274.7	272.9	274.8
湿盘(g)	1 124.5	1 045.6	1 001.3
干盘(g)	1 042.1	969.3	931.4
含水率(%)	10.7	11.0	10.6

(4) 拌和用水

选用生活用自来水。

8.3.3 锶渣混凝土路面施工配合比

推荐配合比为:8%水泥,渣率33%,规范中值范围碎石,坍落度取2cm。现场统料基本在规范之内,可以直接使用,但为了达到优良的工作性能和密实度,在条件允许的地方,可以根据施工单位实际情况,对现场取样的碎石统料按 $m_{统料}:m_{9.5}:m_{4.75}=69:14.5:16.5$ 的比例进行掺配。

对于上坡、下坡等特殊路段,应该提高水泥掺量增加强度以保证锶渣路面的耐磨性。水泥用量选用10%,配合比中其他参数依据推荐级配保持不变,即配合比为:10%的水泥用量,渣率33%,规范中值范围碎石,2cm坍落度。

8.3.4 施工流程

(1) 拌和站现场设备

搅拌机械为川仪生产的JDY500D型强制式搅拌机。该搅拌机的公称容量为

500L,额定进料容量800L,每小时工作循环次数>50,理论生产率20~27m³/h。运输车辆为三辆载重10t自卸汽车。

(2)后场拌和流程

开工前需要对拌和站进行标定,施工配合比是8∶62∶30(质量比),根据拌和物的黏聚性、均匀性及强度稳定性经试拌确定计算得到的施工配合比为1m³拌和物需水泥169.6kg、碎石1m³、锶渣636kg。特殊路段的施工配合比为212.5kg、碎石1 210kg、锶渣630kg。

设计配合比中最大粒径为31.5mm,拌和前应派专人将超大粒径的碎石捡出。拌和采用JDY500型拌和站,每锅拌料0.35~0.4m³,采用载重10t的运料车,每车装料13~14锅,一车约装料4m³(图8-24)。拌和时投料的顺序为:按照标定好的手推车装载质量,先投一手推车碎石+一手推车锶渣+一手推车碎石+50kg水泥+一手推车锶渣+一手推车碎石+一手推车锶渣(经标定)。采用手动控制的拌和方式、控制流量的加水方式边拌和边加水,拌和时间30~35s,料拌熟后即装上运料车(图8-25)。装料时,搅拌机卸料落差控制不超过2m,等装满约4m³拌和料后即运往施工现场。拌和均匀的混合料应色泽一致,没有灰条、灰团和花面,无明显的粗细集料离析现象,优质的混凝土拌和物应具有以下特点:满足输送和浇筑要求的流动性;不为外力产生脆断的可塑性;不产生分层、泌水的稳定性和易于浇筑致密的易密性。此外,坍落度控制对路面性能有很大的影响,后场应严格控制原材料质量和施工配合比,保证混凝土的和易性。要求有足够的拌和、运输能力,提供具有良好工作性能的混凝土,确保坍落度稳定。表8-16为现场拌和物含水率的测定结果。

图8-24 按施工配合比投料

图8-25 搅拌、装料

现场拌和物含水率的测定结果　　表8-16

项 目	试样1	试样2	试样3
盘重(g)	275.2	272.3	274.6
湿盘(g)	1 376.1	1 367.8	1 383.6

续上表

项 目	试样1	试样2	试样3
干盘(g)	1 209.6	1 209.4	1 218.2
含水率(%)	17.80	16.90	17.50

(3)前场施工设备(表8-17)

施工所需机具的型号和数量参考表   表8-17

工作内容	主要施工机具	
	名称、规格	数量、生产能力
测量	水准仪、经纬仪	各1台
搅拌	JDY500型强制式搅拌机	25m³/h
运输	10t自卸汽车	3辆
振实	JA50柴油机振捣棒,直径为50mm,功率1.6kW	1根
	ZW-7型平板振动器,功率2.2kW	1台
	现场发电机,功率30kW	1台
提浆整平	提浆滚杠	1根,长度1.4m
	3m刮尺	每车道路面不少于2把
	抹刀	每车道路面不少于1把
抗滑构造	自制人工拉毛扫帚	1把
	人行工作桥	1个
养生	麻袋或稻草	麻袋2 000条或稻草

(4)施工工序

水泥锶渣碎石混凝土面层混合料由强制拌和机拌和,人工摊铺,辅助配备一些小型机具(插入式振捣器、平板振动器等)进行面层施工。施工工序如图8-26所示。

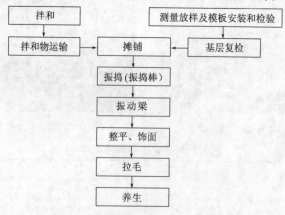

图8-26 锶渣混凝土路面施工工艺流程图

①施工准备。

根据资金状况、施工条件和有关规范,确定施工方案,编制详细的施工组织设计。包括施工工艺、材料使用计划、劳动力组织安排、临时设施、现场组织管理计划、安全措施等。材料供应、混凝土的搅拌能力和运输能力必须和施工技术方案相适应。

清理施工现场,施工前要解决好水电供应、交通道路封闭、搅拌和堆料场地。拌和场地的选择要考虑运距最短,方便原材料的运进和混合料的运出。施工应流水作业,逐段依次施工,根据拌和厂拌和能力和运输、施工能力,每个施工段的长度一般控制在300~350m。

②准备下承层(图8-27)。

根据原路段的情况,对老路基进行处理,处理的方式为用手摆片石进行处理,对宽度不达标的部位拓宽,手摆片石摆好后用较细的材料作为嵌缝料,嵌缝料可以用碎石也可以用锶渣,经过碾压成型后即可进行水泥锶渣碎石基层的施工。

 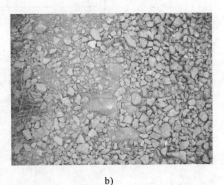

a) b)

图8-27 下承层准备

③模板安装(图8-28)。

安装模板前,按照设计方案定出路面中心线和路边线。模板采用木模板,板厚为5cm,弯道上的木模板可薄些,以利于制作成弧形。严格控制模板的安装质量,保证稳固、顺直、平整,桩间无起伏。相邻的模板高差大于3mm,不平整的模板应重新安装。两侧模板采用交叉方式安装,模板的支撑必须牢固,采用钢钎打入基层固定,不能有任何变形,宜提前24h安装模板并按要求检查调整好,若与地面接触处出现缝隙则用砂浆封好。安装完毕后,在内侧均匀刷涂一层肥皂液或废机油等以利脱模。模板数量应根据施工进度配备,必须确保施工的连续进行,并不少于3d的摊铺用量。

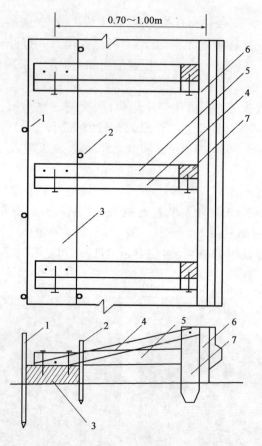

图 8-28　模板安装

1-外侧铁钎;2-内侧铁钎;3-横卧木板;4-斜支撑;5-横支撑;6-纵缝模板;7-立柱支撑

④混合料运输(图 8-29)。

混合料的运输,要保证现场有足够的摊铺时间。根据施工温度的不同,最长运输时间可参考相关的规定。在运输过程中,应尽量避免拌和物的污染和离析。自卸汽车的车厢应清洗干净,并洒水润湿。运输过程中,尽量匀速行驶,保持平稳,减少颠簸。夏季高温、大风、雨天和冬季施工,运输时应对拌和物进行遮盖。高温季节施工时,可对砂石料堆加盖遮阳棚,气温高于30℃时,宜避开中午时间,选择在早上、傍晚或夜间施工。

⑤混合料摊铺。

混合料摊铺前,应做好检查准备工作:确认模板的位置、高程、润滑、支撑稳固

图8-29 混合料运输

等情况符合要求;模板底面与基层之间密实无缝隙;基层表面平整、干净,如有破损应进行修复,摊铺前清扫干净并洒水润湿。

现场派专人指挥卸料,每隔3.5m卸料一车,以便摊铺,之后人工布料。直线段由两侧向路中心进行布料整平,平曲线超高段由内侧向外侧进行布料整平,对于局部低洼处应用新拌的混合料人工找平,形成规定的路拱和坡度。整型的遍数不宜过多,否则容易出现粗集料集中的现象,施工中要特别注意。

在整平过程中拌和物的表面应该始终保持潮湿,如表面水蒸发过快应及时补洒少量的水。如果运到现场的拌和物有离析,应用铁锹翻拌均匀。用铁锹送料时需反扣,严禁抛掷和搂耙。在模板附近,用铁锹插捣几下,以防止出现孔洞蜂窝现象。人工摊铺拌和物的坍落度应控制在2~3cm之间,拌和物的松铺系数通过现场试验确定,控制在1.20~1.25之间,必要时进行减料和补料工作。

⑥振捣。

拌和物摊铺均匀后,由于夏天施工且运距较远,拌和物水分蒸发,如果含水率不足,应补充洒水,且使水分在混合料中分布均匀以方便提浆(图8-30)。

采用插入式振捣棒、平板振动器配合进行振捣成型(图8-31)。先用振捣棒对拌和物进行振捣,振捣位置呈梅花状交错分布。每次振捣时间不宜少于30s,以拌和物停止下沉、表面不再冒泡和泛出水泥浆为准,不应过振。振捣棒的移动间距为40cm;至模板边缘的距离不大于10cm,并应避免碰撞模板。对边角位置应特别注意仔细加以振捣。振捣棒插入角度控制在30°~45°,插入深度15~17cm,振捣棒应轻插慢提,不得猛插快拔,严禁在拌和物中推行和拖拉振捣棒振捣。此外,为防止过振、欠振或漏振,应根据拌和料的稠度随时调整振捣速度。

图 8-30 洒水提浆

图 8-31 平板式振动器振捣

配备 JA50 汽油机振捣棒，插入式振捣棒的直径为 50mm，振动频率为 160Hz，功率不小于 1.6kW，平板振动器型号为 ZW-7，振动频率为 60Hz，功率 2.2kW。

插入式振捣棒振捣后，人工找平，再用平板式振动器在混凝土表面全面振捣，先纵向、再横向各振捣一遍，振捣位置重叠 10～20cm。振动板在每一位置的振动时间以振动板底部和边缘泛浆厚度 3～5mm 为限，并不宜少于 15s。振动板应由两人拉动振捣和移位，行走速度约为 0.3m/s，注意不能过振。振捣过程中，应随时对缺料部位进行人工找平。

混凝土的振实是混凝土质量的重要保证之一，振实工作是一项要求严格、细致的工作。在工作中应尽量使用经验丰富、技术娴熟的人员规范操作。振捣器具应保证具有平板振捣器、插入振捣器、振动梁、抹平机、滚杆等。振捣时主要控制以下几点：

a. 采用插入式振捣器振捣，抽出时应缓慢提出，以免产生空洞，插入深度应离基层 3～5cm，移动间距不得超过有效振动半径的 1.5 倍，对于边角地带应加强振捣，以防蜂窝、麻点的产生。振捣时间不低于 30s，以表面泛浆、粗集料不再下沉、表面不再有气泡冒出为宜。

b. 平板振捣在同一位置停留时间，一般为 10～15s，行走时重叠 10～20cm，保证有足够的水泥浆提出混凝土面。

c. 使用振动梁缓慢而均匀地往返两次，拖振过程中，多余的混合料应刮走，低陷处则随时补足。需注意，振捣时不应随意碰撞模板，以免产生变位。

振捣过程中，对缺料的部位进行人工找平，多余的料应适当铲除。人工找平时应使用同批拌和物，严禁使用纯砂浆。应随时检查模板的移位、变形、松动、露浆等情况并及时纠正。

⑦提浆和抹面。

振实作业完成后，进行整平工作。首先在表面撒少量水后使用滚筒提浆整平。

整平时，先横向再纵向滚动，第一遍应短距离缓慢一进一退拖滚或推滚，以后应较长距离匀速拖滚两遍，并将水泥浆始终赶在滚杠前方。因水灰比过大泌水而产生的过稀多余水泥浆宜铲除，也可等稀水泥浆水分蒸发到适宜拖滚时，再进行拖滚，如图 8-32 所示。

在滚杠整平后，用大木抹进行 2~3 次抹面（图 8-33），直到表面无泌水为止，修整时前后两次刮痕应重叠一半。

图 8-32　滚筒提浆整平

图 8-33　抹面

抹面完成后，最后用抹刀和刮尺进行精抹饰面。应做好人工清边整缝，清除黏浆，修补缺角、掉角。先使用抹刀将抹面留下的痕迹抹平，再用 3m 刮尺，纵横向各刮一遍精抹饰面。作业时工人应站在工作桥上，不要随意踏入混凝土中。精抹饰面后的面板表面应无任何抹面印痕，平整度达到规定要求。

整平饰面机具有提浆滚杠、3m 刮尺和抹刀。配备 1 根直径 100~150mm 的无缝钢管制成的提浆滚杠，表面光滑，长度为 1.4m。

⑧抗滑构造施工。

等浇筑好的路面水分蒸发时即可进行抗滑构造施工。用抹刀进行一次人工整平，之后用扫帚进行抗滑构造施工。掌握扫帚拖毛的最佳时机，避免过早拖毛导致细集料上浮，拉毛时，拉纹器靠住模板，顺横坡方向进行，一次进行，中途不得停留或分次，这样拉毛纹理顺畅美观且形成的沟槽利于排水；或者用宽约 4.5m 的布匹，两人于道路两侧平行拉动，以形成规则的表面构造。也可采用自制的拉毛器进行表面拉毛施工，如图 8-34、图 8-35 所示。

对于上下坡、拐弯等特殊路段，因为爬坡、制动的作用，路面偏载和动载因素对路面的影响加大，水泥掺量应提高到 10% 以保证锶渣路面的耐磨性，混凝土配合比采用特殊路段的材料配合比。同时，为了增强道路的抗滑性能还需设置刻槽，每隔 30cm 设置一道 3mm 的横向刻槽，如图 8-36 所示。

图 8-34 抗滑构造施工

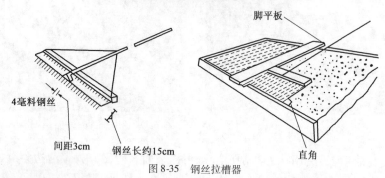

图 8-35 钢丝拉槽器

⑨路面养生。

整平饰面完成后,应及时进行养生。常用的养生方法包括湿法养生、塑料薄膜养生和喷洒养生剂养生,不宜采用围水养生方式。

在雨季或养生用水充足的情况下,可采用湿法养生,在混凝土表面覆盖保温养生膜、土工毡、土工布、麻袋、草袋或草帘等,并每天均匀洒水数次,使覆盖物底部始终保持潮湿状态。养生时间根据混凝土强度增长情况而定,一般为 28d 开放交通,如图 8-37 所示。

图 8-36 每隔 30cm 刻深槽增强抗滑性

图 8-37 养生

⑩拆模。

混凝土成型至拆模的时间称为允许拆模时间,拆模时间可参考表 8-18。

拆模时间参考表 表 8-18

昼夜平均温度(℃)	5	10	15	20	25	30
拆模时间(h)	72	48	36	30	24	18

拆模时,不得损伤混凝土板的边角,拆下的模板不得压在刚拆完模的路面上。

⑪接缝施工。

每日施工结束时,或因特殊情况造成施工中断时间超过 30~45min 时,应设横向施工缝。横向施工缝采用平缝。

8.3.5 质量控制要点

(1)原材料质量控制

原材料进场后,不同规格的集料要分堆堆放,并保证排水良好,必要时需覆盖。水泥应存放在仓库内,注意防潮,宜在一个月内使用完毕,最长不超过三个月。各种原材料按照规定的检测频率和试验规程进行检验,如果材料性质不符合规定,要采取相应的补救措施。

①水泥:采用不低于 325 号的硅酸盐水泥或普通硅酸盐水泥。

②锶渣:含水率控制在配合比要求的范围内,如果是陈锶渣需单独洒水闷料。

③碎石:最大粒径为 31.5mm,施工前按不同粒径分别堆放。

(2)防止出现早期裂缝要点

锶渣混凝土材料的温缩抗裂系数为普通混凝土的 2.83 倍,干缩抗裂系数为普通混凝土的 2.76 倍,锶渣混凝土材料的干缩、温缩变形性能都大大优于普通混凝土。但是如果施工不当也能引起早期裂缝的出现,主要是由于水分蒸发及温度降低过快,以及混凝土本身的水化反应,造成混凝土产生较大的收缩,而早期混凝土的强度较低,因此产生裂缝。如果施工不当,或者在气候恶劣、温差较大、风速大的施工地区,早期裂缝出现的概率是比较高的,必须在施工过程中采取相应的措施加以预防。

①尽量减少单位水泥用量,并使用发热量和收缩性小的水泥。

②减少混凝土的单位用水量,必要时可以通过拌和物中加缓凝剂、保塑剂或加大缓凝减水剂用量以及改善集料级配来实现。

③混凝土浇筑时一般宜在气温 30℃ 以下进行,夏季气温高于 30℃ 时,宜避开中午施工,可在早上、傍晚或夜间施工。

④高温时,对拌和物采取下列降温措施:锶渣、碎石料堆加遮阳棚;抽用地下冷水

或冰水拌和;使用长时间在太阳下暴晒的干燥集料时,应充分洒水润湿;在每日气温最高和日照最强烈时遮阳施工;加快各施工环节的衔接,尽量缩短各环节所耗时间。

⑤基层顶面在混凝土摊铺前要充分洒水润湿。

⑥可通过加铺一层塑料薄膜以减弱基层顶面的摩擦力。

⑦混凝土表面修整过程中,要避免日光直射,防止混凝土温度急剧升高或表面干燥引起开裂,如图 8-38 所示。

图 8-38　早期表层开裂

⑧混凝土成型后应及时养生,养生应保证混凝土表面受到全面覆盖,并始终潮湿。采用覆盖洒水养生时,高温季节要加强洒水,确保混凝土表面保持足够的湿度,严禁出现表面发白的现象。

⑨在刮风天气施工时,要加快施工速度,加强养生环节。

(3)施工质量控制要求

①土基完成后应检查其密实度;基层完成后应检查其强度、刚度和均匀性。

②按规定验收水泥、锶渣及碎石,并测定其含水率,以调整用水量;测定施工前后场坍落度损失。

为了分析锶渣混凝土坍落度损失和运输时间、温度的关系,试验路现场进行了 25 组前后场测试同一车混凝土的坍落度试验。经检测,锶渣混凝土从前场到施工现场平均耗时 43.6min,施工期间平均气温为 34℃,前后场坍落度损失平均值为 36.8mm。通过对坍落度损失和运输时间、温度进行回归分析,得到如下关系:

$$Y = 1.93X_1 + 0.38X_2 \tag{8-1}$$

标准误差:6.06

相关系数:56.9%

式中:Y——坍落度损失,mm;

　　　X_1——施工温度,℃;

　　　X_2——运输耗时,min。

可以看出,温度对锶渣混凝土坍落度损失的影响较大。因此,锶渣混凝土在现场施工过程中,应随温度的变化及时调整出机口坍落度,以保证前场锶渣混凝土现场施工和易性的需求。

③检查磅秤的准确性;抽查材料配量的准确性。

④摊铺混凝土前,应检查基层的平整度和路拱横坡;检查模板位置和高程。

⑤冬季和夏季施工时,应测定混凝土拌和及摊铺时的温度。

⑥观察混凝土拌和、运输、振捣、整修和接缝等工序的质量。

⑦每铺 400m³ 混凝土,同时制作两组抗折试件,其龄期分别为 7d 和 28d,每铺 1 000~2 000m³ 混凝土增做一组试件,龄期为 90d 或更长,测试后期强度时用,如图 8-39 所示。

图 8-39　现场成型混凝土弯拉及抗压试件

混凝土抗弯拉强度检验,应符合下列要求:

a. 使用正在摊铺的混凝土拌和物制作试件。

b. 每天或每铺筑 200m³ 混凝土,同时制作两组试件,龄期应分别为 7d 和 28d。

c. 浇筑完成的混凝土板,检验实际强度,可在现场钻取圆柱体试件进行圆柱劈裂强度试验,以圆柱劈裂强度推算小梁抗弯拉强度。

⑧此外,现场集料的含水率是经常变化的,必须经常抽检测定,以准确确定施工配合比。

8.4　试验路路用性能观测

通过室内试验对锶渣路面路用性能进行研究,发现锶渣混合料具有良好的路用性能。为了检验试验路路面的实际使用状况,对锶渣路面的路表弯沉、路面平整度、强度等路用性能进行跟踪检测。

8.4.1 路表弯沉检测

现场实测采用 BZZ-100 标准轴载参数,用 5.4m 贝克曼梁弯沉仪,如图 8-40 所示。

a)

b)

图 8-40 弯沉检测

表 8-19~表 8-21 分别为平玉路、玉石路和文荣路弯沉测试结果,三段试验路均能够满足 115×10^{-2} mm 的弯沉控制指标。通过对大足县所有锶渣公路的调研发现,造成弯沉偏大或不满足规定的主要原因有两个:一是路基强度不足,部分新建道路的路基压实不达标,也没有经过一定时间的沉降;二是锶渣基层混合料的均匀性不好,造成基层的力学性能不均,各测点弯沉的标准差较大。所以必须加强路基的质量控制,同时保证锶渣基层质量,才能最大限度地延长锶渣路面的使用寿命和提升锶渣路面的服务水平。

平玉路检测结果(单位:mm)　　表 8-19

里程桩号	左轮	右轮	里程桩号	左轮	右轮
K0+000	36	18	K0+180	78	80
K0+020	88	66	K0+200	40	44
K0+040	24	38	K0+220	20	66
K0+060	50	34	K0+240	54	50
K0+080	80	30	K0+260	16	16
K0+100	60	56	K0+280	12	14
K0+120	82	94	K0+300	66	86
K0+140	66	102	K0+320	42	30
K0+160	16	28	K0+340	40	62

续上表

里程桩号	左轮	右轮	里程桩号	左轮	右轮
K0+360	60	74	K0+440	100	80
K0+380	40	40	K0+460	82	20
K0+400	30	50	K0+480	70	92
K0+420	50	60	K0+500	50	60
计算结果	各测点弯沉平均值 $L=52.92$ mm； 各测点弯沉的标准差 $S=25.42$ mm； 保证率系数 Z_α 取 1.282； 代表弯沉 $L_r = L + Z_\alpha S = 52.92 + 25.42 \times 1.282 = 85.51 \times 10^{-2}$ mm					

玉石路检测结果（单位:mm） 表 8-20

里程桩号	左轮	右轮	里程桩号	左轮	右轮
K0+000	88	72	K0+260	96	67
K0+020	70	80	K0+280	72	84
K0+040	68	58	K0+300	86	98
K0+060	94	82	K0+320	42	30
K0+080	96	72	K0+340	72	78
K0+100	64	52	K0+360	64	74
K0+120	68	98	K0+380	63	96
K0+140	52	62	K0+400	72	64
K0+160	76	74	K0+420	86	78
K0+180	108	76	K0+440	61	78
K0+200	82	90	K0+460	76	50
K0+220	72	98	K0+480	64	78
K0+240	54	50	K0+500	68	52
计算结果	各测点弯沉平均值 $L=73.2$ mm； 各测点弯沉的标准差 $S=15.8$ mm； 保证率系数 Z_α 取 1.282； 代表弯沉 $L_r = L + Z_\alpha S = 73.2 + 15.8 \times 1.282 = 93.5 \times 10^{-2}$ mm					

文荣路检测结果(单位:mm)　　　　　表 8-21

里程桩号	左轮	右轮	里程桩号	左轮	右轮
K0+000	80	60	K0+260	40	40
K0+020	20	20	K0+280	100	80
K0+040	50	80	K0+300	10	30
K0+060	40	50	K0+320	64	30
K0+080	20	20	K0+340	40	80
K0+100	60	100	K0+360	60	80
K0+120	60	30	K0+380	40	40
K0+140	80	80	K0+400	30	50
K0+160	100	80	K0+420	50	60
K0+180	20	60	K0+440	100	80
K0+200	50	40	K0+460	120	20
K0+220	60	50	K0+480	70	100
K0+240	56	20	K0+500	50	60
计算结果	各测点弯沉平均值 $L = 55.96$ mm； 各测点弯沉的标准差 $S = 26.3$ mm； 保证率系数 Z_α 取 1.282； 代表弯沉 $L_r = L + Z_\alpha S = 55.96 + 26.3 \times 1.282 = 89.68 \times 10^{-2}$ mm				

8.4.2 钻芯强度检测

在试验路段上选取不同结构的代表路段进行钻芯取样，如图 8-41 所示。

a)

b)

图 8-41　现场钻芯

通过选取玄顶村村道和宝林村村道钻芯进行强度检测,检测结果见表8-22~表8-25,芯样如图8-42所示。

玉石路锶渣基层强度检测结果　　　　　　　　　　　　　　表8-22

编　号	外观状况	高度(mm)	直径(mm)	强度(MPa)
1号	较密实	150.5	150.4	2.9
2号	较密实	150.2	150.2	2.8
3号	较密实	148.3	149.6	3.2

平玉路锶渣基层强度检测结果　　　　　　　　　　　　　　表8-23

编　号	外观状况	高度(mm)	直径(mm)	强度(MPa)
1号	芯样不完整	100.5	150.3	2.4
2号	较密实	150.2	150.6	2.8
3号	芯样不完整	88.3	149.7	2.3

七里村锶渣混凝土路面强度检测结果　　　　　　　　　　　表8-24

编　号	外观状况	高度(mm)	直径(mm)	强度(MPa)
1号	较密实	150.9	150.8	9.2
2号	较密实	150.2	150.5	8.9
3号	较密实	140	150	8.7

高白村锶渣混凝土路面强度检测结果　　　　　　　　　　　表8-25

编　号	外观状况	高度(mm)	直径(mm)	强度(MPa)
1号	较密实	150.3	150	8.9
2号	较密实	149.8	150	9.5
3号	较密实	150	149.5	8.8

图8-42　锶渣面层芯样

水泥锶渣基层和锶渣混凝土路面现场强度测试结果比室内试验强度结果略低,但没有出现啃边、断板、破碎等病害。

8.4.3 锶渣路面平整度检测

采用3m直尺进行平整度测试,如图8-43所示。平整度检测分基层和面层两个阶段进行,检测时在试验路上选取两个代表路段进行平整度检测,对连续10尺的检测结果进行评定,检测结果见表8-26、表8-27。

图8-43 平整度测试

锶渣基层平整度检测结果　　　　　　　　　　　　　表8-26

玉石路1段		玉石路2段	
测点位置	最大间隙(mm)	测点位置	最大间隙(mm)
第1尺	14.2	第1尺	13.8
第2尺	17.8	第2尺	16.4
第3尺	16.6	第3尺	16.8
第4尺	15.4	第4尺	10.3
第5尺	12.8	第5尺	13.4
第6尺	14.6	第6尺	16.5
第7尺	10.2	第7尺	9.2
第8尺	17.2	第8尺	16.6
第9尺	13.2	第9尺	14.6
第10尺	14.8	第10尺	14.2
均值	14.68	均值	14.18
标准差	2.27	标准差	2.66
代表值	17.59	代表值	17.59

锶渣乡道沥青路面平整度检测结果　　　　表 8-27

国弥路平整度检测		麻元沟路平整度检测	
测点位置	最大间隙(mm)	测点位置	最大间隙(mm)
第1尺	8.2	第1尺	3
第2尺	6.4	第2尺	6.8
第3尺	9.2	第3尺	15.2
第4尺	9	第4尺	11.4
第5尺	3.6	第5尺	4.8
第6尺	4.4	第6尺	11.4
第7尺	6.8	第7尺	4.6
第8尺	8	第8尺	2.8
第9尺	4.6	第9尺	4.2
第10尺	2.8	第10尺	9
均值	6.3	均值	7.32
标准差	2.32	标准差	4.23
代表值	9.27	代表值	12.74

锶渣路面平整度偏大,但总体上可以满足农村公路的使用要求。

8.5　农村公路锶盐废渣路面经济性分析

锶渣公路室内研究和室外试验路铺筑表明,跟其他结构形式的公路相比,铺筑锶渣路面具有明显的经济优势。

8.5.1　直接经济效益

(1)锶渣基层沥青路面经济性分析。
(2)锶渣混凝土路面经济性分析。

8.5.2　间接经济效益

在试验路施工时,对半刚性基层的成本与锶渣基层成本及人机组合形式对生产效率、生产成本的影响进行了对比,详见表8-28。

基层施工方式经济性对比　　　　　　　　　　表8-28

施工方式	摊铺速度（m/h）	人工费用（元/m²）	设备综合耗费（元/m²）	人机费用合计（元/m²）
半刚性基层	20	2.9	2.3	5.2
锶渣基层	25	2.6	2	4.6

（1）水稳碎石基层与水泥锶渣碎石基层对比

根据《公路工程预算定额》(JTG/T B06-02—2007)及预算编制办法,结合重庆地区材料价格,编制主要材料费用单价,详见表8-29。

水泥稳定碎石基层与水泥锶渣碎石基层单价分析　　　　表8-29

序号	项目	单位	单价（元）	水稳碎石基层 工程量 1 000m²		水泥锶渣碎石 工程量 1 000m²	
				数量	金额（元）	数量	金额（元）
1	锶渣	m³	20			66.7	1 334
2	325号水泥	t	360	14.19	5 105.06	10.2	3 672
3	石灰	t					
4	粉煤灰	m³					
5	碎石	m³	75	185.83	13 936.45	134.4	10 080
6	其他材料费	元					
7	直接材料费	元			19 041.51		15 086
8	综合费率	%		15.6%	2 970.48		2 353.42
9	材料费用	元			22 011.98		17 439.42

以上分析表明,与水泥稳定碎石基层相比,每1 000m² 水泥锶渣碎石基层材料费用节约投资4 572.56元,人机费用节约600元,总造价降低23.5%。

（2）二灰基层与石灰锶渣碎石基层对比

根据《公路工程预算定额》(JTG/T B06-02—2007)及预算编制办法,取综合费率为15.6%。结合重庆地区材料价格,编制主要材料费用单价,详见表8-30。

以上分析表明,与二灰基层相比,每1 000m² 石灰锶渣碎石基层材料费用节约投资5 099.93元,人机费用节约600元,总造价降低24%。

二灰基层与石灰锶渣碎石基层单价分析   表8-30

序号	项目	单位	单价(元)	二灰碎石基层 工程量 1 000m² 数量	二灰碎石基层 工程量 1 000m² 金额(元)	石灰锶渣碎石 工程量 1 000m² 数量	石灰锶渣碎石 工程量 1 000m² 金额(元)
1	锶渣	m³	20			48.4	968
2	325号水泥	t					
3	石灰	t	400	19.54	7 815.54	11.6	4 640
4	粉煤灰	m³	60	55.37	3 321.72		
5	碎石	m³	75	125.10	9 382.45	140	10 500
6	其他材料费	元					
7	直接材料费	元			20 519.70		16 108
8	综合费率	%		15.6%	3 201.07		2 512.85
9	材料费用	元			23 720.78		18 620.85

8.5.3 社会效益

根据《公路工程预算定额》(JTG/T B06-02—2007)及预算编制办法,取综合费率为15.6%。结合重庆地区材料价格,编制主要材料费用单价,详见表8-31。

普通混凝土路面与锶渣混凝土路面单价分析   表8-31

序号	项目	单位	单价(元)	锶渣混凝土路面 工程量 1 000m² 数量	锶渣混凝土路面 工程量 1 000m² 金额(元)	C_{30}水泥混凝土 工程量 1 000m² 数量	C_{30}水泥混凝土 工程量 1 000m² 金额(元)
1	锶渣	m³	20	60.72	1 214.4		
2	325号水泥	t	360	16	5 760	38.31	13 790.61
3	碎石	m³	75	123.28	9 246	107.80	8 084.61
4	砂	m³	125			53.89	6 737.18
5	其他材料费	元					
6	直接材料费	元			16 220.4		28 612.40
7	综合费率	%		15.6	2 530.382		4 463.53
8	材料费用	元			18 750.78		33 075.93

切缝和填缝的机具和人工费每公里在1 800元左右,最普通的填缝料单价为1.2元/m,按5m一条割缝计算,1km在填缝料上即可节约工程造价 = 1.2×3.5×

200=840元。

在试验路施工时,对C_{30}混凝土的成本与锶渣路面成本及人机组合形式对生产效率、生产成本的影响进行了对比,详见表8-32。

面层施工方式经济性对比　　　　　表8-32

施工方式	摊铺速度 (m/h)	人工费用 (元/m²)	设备综合耗费 (元/m²)	人机费用合计 (元/m²)
混凝土面层	32	3.9	2.8	6.7
锶渣面层	37.5	3.5	2.4	6.1

以上分析表明,与普通混凝土路面相比,每1 000 m² 锶渣混凝土路面材料费用节约投资14 325.15元,人机费用节约600元,切缝节约3 771.43元,总造价降低56.5%。

8.6 间接经济效益

(1)如果锶渣集中堆放不加处理,每年渣厂占地面积需增加1.2亩❶,造成巨大的土地资源浪费,而科学利用锶渣筑路可以解决锶渣集中堆放问题。

(2)大足红蝶锶盐厂每年产生16万t锶盐废渣,如果将锶渣堆放在渣厂,每年光搬运费用就高达30万元,据估算,每吨废渣堆存的经济损失在14.25元左右,每年造成经济损失228万元。

8.7 社会效益

长期以来,我国对于锶渣有害堆存的政策是"罚款",即环保部门收取"排污费"(3元/t·年),其80%返回企业使用;而治理(达到彻底解毒)需要投入约100元/t。因此,企业为了自身的经济效益,宁愿交"排污费",不愿进行彻底治理。固体废弃物本身是一种二次资源,由于没有得到使用而造成了资源浪费。这些露天储存的冶炼废渣堆存侵占土地,污染毒化土壤、水体和大气,严重影响生态环境,造成明显或潜在的经济损失和资源浪费。

同时,目前混凝土中水泥用量都很高,生产1t水泥需消耗大量的资源,采用锶渣混凝土1m³混凝土可节省170kg水泥,减少大量的能源消耗。资料表明:每生产1t硅酸盐水泥熟料,就要排放1t CO_2 气体,全球有10%的 CO_2 来自于水泥生产的

---

❶ 1亩=666.6m²,下同。

排放，因此世界上一些国家开始对水泥限产或转至发展中国家生产（日本限产9 000万 t/年，并在中国投资水泥企业），而目前我国的水泥产量占全世界的40%～45%，CO_2排放量惊人，锶渣混凝土的大量使用可以降低对水泥的需求，减少对环境的污染。

正确认识锶渣集中堆放造成污染的损失和评价锶渣筑路的经济可行性，必须从两个方面进行测算：一是治理投资和单位处理费用，即治理成本；二是经济效益，即治理效益。所谓治理效益，是指某项治理方法实施后所获得的利润和减少的环境损失之和。环境损失是指锶渣无控堆存所造成的污染损失及资源损失，污染损失包括土地损失、水体损失和空气损失三个方面。从环境效益、经济效益、人民身体健康、资源综合利用等多方面分析，尽快对已经堆存和正在产生的废弃物进行治理才是保证锶化学工业持续发展的长远之计。但是目前治理含锶渣废弃物的技术还存在许多缺陷，因此加强治理锶渣的技术研究是环境、化学、材料等学科研究人员目前的重要任务，值得投入人力、物力和财力。

集中堆放锶渣，污染物被植物和作物吸收后，将进入食物链，从而危害人体健康。虽然现在还没有诸如灌溉试验等试验方法对锶渣污染进行废水灌溉试验研究，但锶渣如不及时进行解毒处理，一旦污染了环境，其对生物的影响是极其深远和严重的。

8.8 本章小结

（1）在室内试验研究的基础上，结合现场情况提出了水泥锶渣碎石基层、石灰锶渣碎石基层和锶渣。混凝土路面的施工配合比，进行了试验路铺筑，研究了锶渣路面施工工艺，分析了影响锶渣路面质量的关键因素、施工质量控制要点。

（2）从试验路跟踪检测来看，锶渣混凝土路面强度不高，但很少出现啃边、麻面、断板等病害。锶渣基层沥青路面基本没有出现坑槽、松散等病害，锶渣路面耐久性良好，完全能承担西部地区农村公路小交通量情况下的交通运输任务，能够满足西部地区农村的经济发展需求，也可以适应西部地区交通等级及自然气候条件，这说明锶渣在路面工程中应用是成功的。

9 锶盐废渣路面环境影响评价

9.1 锶渣路面环评的目的和意义

锶渣作为筑路材料在农村公路上得到了推广应用,不仅降低了农村公路修筑成本、解决了资金困难的问题,还解决了锶渣到处堆放占用土地、污染环境的问题。然而锶渣在道路工程中的应用一直忽略了一个重要的方面,即锶渣的应用是否会在公路沿线造成二次污染。锶渣的主要成分除了硅、铝、铁的氧化物之外,还在一定程度上含有其他成分,特别是其中重金属和硫化物,将有可能在锶渣的应用过程中带来潜在的新的环境污染。通常一条公路连接两个或两个以上的人口聚集区,沿途会穿越一些小村落和大量农田、鱼塘。所用的筑路材料若含有对环境造成危害的污染物,并且超过一定的范围,在道路投入使用阶段,这些有害物就会通过与公路相邻环境的接触、雨雪的淋溶以及地下水的浸泡等多种方式将该有害物质带出,由此对周边环境如地下水源、农田等造成长期而直接的危害,进而通过食物链进入人体直接危害到公路沿线居民的身体健康。这一措施无形中将渣场原先的点污染拓展成了面污染。如不能很好地认识和评价这种污染危害,将会对锶渣利用这项工作带来消极影响。

因此,公路建设过程中对锶渣的利用必须要考虑其对环境是否造成消极影响及影响程度的大小,以杜绝锶渣利用过程中对沿线环境可能造成的污染。

9.2 锶渣成分分析

通过分析锶渣的化学成分,研究锶渣的元素含量、酸碱性等问题。

在锶盐废渣堆场取样,按堆的顶端、中部和底部三点的四周等距离的四点,在距表面30cm的深度,每点取样1kg,混合均匀后取2kg为代表性样品。采用光谱分析和配位滴定的方法对常规的化学成分进行分析,试验结果见表9-1。

锶盐废渣路面环境影响评价

不同状态锶渣中主要化学成分含量（单位:%）　　　表9-1

名　称	化学成分						
	SO_3	CaO	Fe_2O_3	Al_2O_3	SiO_2	MgO	loss
常温磨细锶渣	4.7	26.71	4.19	4.85	24.62	6.95	3.59
800℃煅烧锶渣	10.45	27.85	4.31	5.58	24.66	8.04	—
1 200℃煅烧锶渣	2.35	31.58	7.88	6.64	30.55	—	—

从第3章光谱分析中可以看出，锶渣中主要有硅、钛、镁、铁、硫、钠、铝、钙、锰等金属，不含有重金属元素，硫元素含量较高，锶渣中主要硫元素主要以SO_3形式存在。根据《地表水环境质量标准》(GB 3838—2002)、《土壤环境质量标准》(GB 15618—1995)、《渔业水质标准》(GB 11607—1989)、《农田灌溉水质标准》(GB 5084—2005)等国家标准判断，锶盐废渣不会对周边水资源环境造成不利影响。

9.3　锶渣放射性核素分析

委托重庆市辐射环境监督管理站进行锶渣放射性核素分析。基本步骤为去除异物的锶渣样品经100℃烘干至恒重，压碎过筛（40~60目）称重后装入与刻度谱仪的体标准源相同形状和体积的样品盒中，密封，放置3~4周后测量其放射性比活度，见表9-2。

锶盐废渣放射性比活度（单位:Bq/kg）　　　表9-2

样品名称	铀-238	镭-226	钍-232	钾-40
锶矿渣	15.78	17.86	19.84	122.91

根据《建筑材料用工业废渣放射性物质限制标准》(GB 6763—86)的规定，建筑材料用工业废渣中镭-226、钍-232、钾-40的放射性比活度应同时满足式(9-1)和式(9-2):

$$\frac{f_s C_{Ra}+\sum_{i=1}^{n}f_i C_{Rai}}{330}+\frac{f_s C_{Th}+\sum_{i=1}^{n}f_i C_{Thi}}{260}+\frac{f_s C_K+\sum_{i=1}^{n}f_i C_{Ki}}{3\ 800}\leq 1 \quad (9\text{-}1)$$

$$f_s C_{Ra}+\sum_{i=1}^{n}f_i C_{Ra}\leq 200 \quad (9\text{-}2)$$

上述式中：f_s——被检测的工业废渣在建筑材料中所占的质量百分比；
C_{Ra}、C_{Th}、C_K——分别为被检测的工业废渣中^{226}Ra、^{232}Th、^{40}K的放射性比活度，Bq/kg；

n ——建筑材料中除被检测的某种工业废渣以外的其他建筑材料的种类数;

C_{Rai}、C_{Thi}、C_{Ki}——第 i 种材料中 ^{226}Ra、^{232}Th、^{40}K 的放射性比活度,Bq/kg。

重庆市周围建筑材料及土壤的放射性比活度见表9-3。通过对比分析方法,不难看出,试验分析得出的锶盐废渣的放射性比活度比其他建筑材料的放射性比活度低很多,不会对周围环境产生放射性影响。

重庆市周围建筑材料及土壤的放射性比活度   表9-3

样品种类	样本数	^{226}Ra(Bq/kg)	^{232}Th(Bq/kg)	^{40}K(Bq/kg)
页岩砖 (煤渣)	149	62.87 13.77~127.67	53.33 6.56~135.8	450.64 36.63~905.3
煤矸石砖	144	82.14 27.97~210.55	72.59 29.54~127.32	626.85 68.32~1161.93
普通硅酸盐水泥 (粉煤灰)	90	76.31 17.85~261.18	45.46 4.53~107.21	283.43 36.3~683.1
煤渣砖	134	109.15 54.94~315.3	132.75 45.46~210.08	483.91 97.65~769.09
空心砌块 (煤渣)	88	59.53 5.6~171.21	47.13 4.31~116.6	431.26 29.09~1701.28
重庆市土壤	120	29.12 21.86~41.39	48.88 31.64~62.01	627.06 457.39~922.53

9.4 锶渣公路对路侧环境影响调查

利用锶渣修筑农村公路对路侧环境的影响主要是由筑路材料(锶渣)引起,针对锶渣公路路基两侧 5~10m 范围内土壤、植被以及水环境影响情况。达到《地表水环境质量标准》(GB 3838—2002)Ⅱ类。

9.4.1 路侧土壤调查

通过对平玉路、国弥路、高白路等部分路段路基两侧 5m 范围内索取土样进行硫化物检测,检测结果见表9-4。发现土壤浸析液中硫化物含量较渣场(38.9~486 mg/L)明显降低,硫化物含量完全符合标准要求,不会对环境造成危害。

土壤浸出液硫化物含量检测结果（单位：mg/L） 表9-4

道路名称	基层类型	取样地点	检测结果	《重庆市锶盐工业污染物排放标准》（DB50/247—2007）
平玉路 K3+000	水泥锶渣碎石	路基边缘	0.15	硫化物≤1
平玉路 K3+000	水泥锶渣碎石	路基边缘5m	0.11	
国弥路 K3+000	石灰锶渣碎石	路基左边缘	0.55	
国弥路 K2+500	石灰锶渣碎石	路基边缘5m	0.67	
高白路 K2+500	锶渣混凝土	路基左边缘	0.75	
玄顶路 K1+500	锶渣混凝土	路基右边缘	0.36	

与锶渣场周围污染严重、土质发黑（图9-1）的土壤相比，水泥锶渣公路路基两侧的土壤颜色与周围土壤颜色相同，质地松散，无板结、盐渍化等现象，看不出有污染的痕迹，如图9-2所示。

图9-1 渣场周围变成黑色的土地

图9-2 锶渣公路路侧土壤良好

9.4.2 路侧植被调查

水泥锶渣公路对植被的影响主要由锶渣中的硫化物高温燃烧时释放出的 SO_3 引起。三氧化硫对植物、动物和建筑物都有危害，特别与空气中水蒸气结合即成硫酸雾，使植物叶片被漂白、干枯，直至死亡。也曾有报道碳酸锶生产过程中大量释放的 SO_3、SO_2、H_2S 等硫化物导致锶厂周围植物大面积死亡的，如图9-3所示。而路用锶渣并不会形成此种条件。

本次植被调查，选择了路侧植被茂盛、环境条件比较有代表性的月亮路、玄顶路、长源路等农村公路，如图9-4所示。

图9-3 锶厂周围枯萎的树木

图9-4 路侧草本植物

从图9-5、图9-6可以看到,路侧植物无论是草本植物、灌木还是高大乔木都颜色苍翠,长势良好,无明显叶片泛黄、卷曲、枯萎等病变。由此可见,锶渣公路的修筑并未给路侧植被带来明显影响。

图9-5 路侧乔木

图9-6 路侧灌木

9.4.3 路侧水环境调查

农村公路大多沿河或稻田而建,为了考察锶渣公路是否对地对水环境产生影响,对加福路、观峰路、青山路以及胜峰村路路侧水质进行了调查,如图9-7所示。

a)

b)

图 9-7

c)　　　　　　　　　　　　d)

图 9-7　路侧水体水质调查

未发现渣场所见到的黄绿色锶渣析出液,水质普遍良好,就连一向对水质比较敏感的鱼塘也无异常,鱼类生长良好。锶渣公路没有对路侧范围内农民正常生产生活造成影响。

9.5　本章小结

(1)锶渣中主要有硅、钛、镁、铁、硫、钠、铝、钙、锰等金属,不含有重金属元素,硫元素含量较高,锶渣中主要硫元素主要以 SO_3 形式存在。根据《地表水环境质量标准》(GB 3838—2002)、《土壤环境质量标准》(GB 15618—1995)、《渔业水质标准》(GB 11607—1989)、《农田灌溉水质标准》(GB 5084—2005)等国家标准判断,锶盐废渣不会对周边水资源环境造成不利影响。

(2)锶盐废渣中放射性核素放射性比活度远远低于标准规定的要求,且比其他建筑材料的放射性比活度低很多,不会对周围环境产生放射性影响。

(3)锶渣筑路是对锶渣的封闭与固化,即对锶渣的稳定化处理,用于筑路不会对周围植物生长、水产养殖、农田生产以及居民生活产生影响,不会产生人们担心的二次污染、扩散污染的现象。

附录 部分试验路照片

附图1 玉石路水泥锶渣基层沥青路面

附图2 国弥路水泥锶渣基层沥青路面

附图3 麻元沟路石灰锶渣基层沥青路面

附图4 平玉路石灰锶渣基层

附图5 弹花村锶渣混凝土路面

附图6 玄顶村锶渣混凝土路面

参考文献

[1] 《中共中央国务院关于积极发展现代农业扎实推进社会主义新农村建设的若干意见》学习读本[M].北京:人民出版社,2007.
[2] 建设社会主义新农村与发展"十一五"规划贯彻实施全书[M].北京:中国知识出版社,2006.
[3] 杨晓刚.碳酸锶生产现状及发展前景[J].河南化工,2006(9).
[4] 龙光明.我国锶资源开发利用现状于前景[J].无机盐技术,2006(2).
[5] 曹慧.碳酸锶企业环境影响评价工作浅议[J].重庆环境科学,2003(12).
[6] 张维全,张祖棠.锶渣在道路工程中的应用[J].重庆交通大学学报,2004.
[7] 张维全,张祖棠.锶矿废料的道路材料特性初探[J].公路,2005(9).
[8] 张祖棠,张维全.锶矿废料混合料作为公路路面基层混合料形式的研究[C]//重庆交通大学55周年校庆论文专辑,2007.
[9] 举振明,高忠爱,祁梦兰.固体废物的处理与处置(修订版)[M].北京:高等教育出版社,1993.
[10] 孙可伟.固体废物资源化的现状与展望[J].中国资源综合利用,2000,Ⅰ(10).
[11] 曲格平.中国的环境与发展[M].北京:中国环境科学出版社,1992.
[12] 杨国清.固体废物处理工程[M].北京:科学出版社,2000.
[13] 赵洪义,李峰德,包西祥.水泥工业大量利用固体废渣的有效途径[J].中国建材,2000(8).
[14] 袁润章,等.评定粉煤灰的火山灰活性方法的研究[J].武汉建材学院学报,1982(2).
[15] 沈永康.粉煤灰质量的评定与分类方法探讨[J].硅酸盐制品,1981(5).
[16] 沈旦申,等.粉煤灰物理序参量的系统化[J].硅酸盐学报,1992(8).
[17] 吴学礼,等.粉煤灰强度活性的研究[J].硅酸盐制品,1982(5).
[18] 项长祥,等.还原法处理转炉渣的研究[J].环境工程,1997(15).
[19] 杨丽芬.转炉钢渣无害高效利用技术——生产钢渣熔融水泥[J].环境工程,1996(14).

[20] 杨智宽.钢铁冶炼渣在农业上的应用[J].再生资源与循环经济,1999(2).

[21] 郑洪伟,董孟能.流化床燃煤固硫灰渣的综合利用[J].粉煤灰综合利用,2000(4).

[22] 周玉昆.磷石膏综合利用技术发展[J].现代化工,1992,12(1).

[23] 黎小华.含铬废渣的综合利用[J].重庆环境科学,1995(17).

[24] 张彩霞.实用建筑工程常用材料试验手册[M].北京:中国建筑工业出版社,1998.

[25] 杨南如.碱胶凝材料形成的物理化学基础(Ⅰ)[J].硅酸盐学报,1996(3).

[26] 杨南如.碱胶凝材料形成的物理化学基础(Ⅱ)[J].硅酸盐学报,1996(4).

[27] 何琼瑜.火山灰性试验方法—应用〈ISO/R863—1986〉的研究[J].水泥,1982(2).

[28] 杨基典,等.火山灰质活性混合材料活性测定方法的研究[J].水泥,1982(9).

[29] F M Lea.水泥混凝土化学[M].3版.北京:中国建筑工业出版社,1984.

[30] 王刚.水泥标准手册[M].北京:中国标准出版社,1995.

[31] 袁润章,等.评定粉煤灰的火山灰活性方法的研究[J].武汉建材学院学报,1982(2).

[32] 交通部公路司.农村公路施工技术[M].北京:人民交通出版社,2007.

[33] 交通部西部科技项目:我国西部地区小交通量道路路基路面典型结构.低造价县乡道路修筑技术的研究分报告.2004.

[34] 杨锡武.公路水泥混凝土路面设计典型结构设计方法[M].北京:人民交通出版社,2002.

[35] 张春友,王柏春.长春市县乡三四级公路路面典型结构研究[J].吉林交通科技,2001(1).

[36] 中华人民共和国行业标准.JTG D50—2006 公路沥青路面设计规范[S].北京:人民交通出版社,2006.

[37] 中华人民共和国行业标准.JTG E42—2005 公路工程集料试验规程[S].北京:人民交通出版社,2005.

[38] 中华人民共和国行业标准.JTJ 034—2000 公路路面基层施工技术规范[S].北京:人民交通出版社,2000.

[39] 中华人民共和国行业标准.JTG E30—2005 公路工程水泥及水泥混凝土试验规程[S].北京:人民交通出版社,2005.

[40] 中华人民共和国行业标准.JTJ 057—94 公路工程无机结合料稳定材料试验

规程[S].北京:人民交通出版社,1994.

[41] 交通部专家委员会.县乡公路水泥混凝土路面设计与施工[M].北京:人民交通出版社,2003.

[42] 中华人民共和国行业标准.JTG F80/1—2004 公路工程质量检验评定标准 第一册 土建工程[S].北京:人民交通出版社,2003.

[43] 张嘎吱.水泥粉煤灰稳定碎石基层配合比设计和路用性能研究[D].西安:长安大学,2004.

[44] 孙兆辉,许志鸿,等.水泥稳定碎石基层材料干缩变形特性的试验研究[J].公路交通科技,2006(4):27-32.

[45] 周诚喜.水泥—粉煤灰—外加剂稳定碎石基层的干温缩性能研究[J].粉煤灰综合利用,2004(5).

[46] Yi L. Resilient modulus of fly ash stabilized aggregates. M S thesis, School of Civil Engineering and Environmental Science, University of Oklahoma Oklahoma:1995:120-136,9-12.

[47] 沙庆林.高等级公路半刚性基层沥青路面[M].北京:人民交通出版社,1998.

[48] 张登良,郑南翔.半刚性基层材料抗裂性能研究[M].北京:人民交通出版社,1991.

[49] 林绣贤.半刚性基层材料组成设计和质量控制[M].北京:人民交通出版社,1991.

[50] 邓学均.路基路面工程[M].北京:人民交通出版社,2000.

[51] 姚祖康.公路设计手册——路面[M].2版.北京:人民交通出版社,1998.

[52] (美)黄仰贤.路面分析与设计[M].余定选,齐诚,译.北京:人民交通出版社,1998.

[53] 唐伯明,何兆益,等.超载车辆对重庆市干线公路的损坏及寿命影响研究[R].2001.

[54] 干坤荣.广西桂北地区县乡公路沥青路面典型结构研究[J].广西交通科技,2001(1).

[55] 蔡正咏.正交设计在混凝土中的应用[M].北京:中国建筑工业出版社,1985.

[56] 钱觉时.粉煤灰特性与粉煤灰混凝土[M].北京:科学出版社,1998.

[57] 李立寒,张南鹭.道路建筑材料[M].北京:人民交通出版社,2005.

[58] 王平,黄卫.路面结构设计中关键因素的正交分析[J].公路交通科技,2002.

[59] 中华人民共和国行业标准.JTJ 059—95 公路路基路面现场测试规程[S].北京:人民交通出版社,1995.

[60] National Institute for Transport and Road Research. Structural Design of Interurban and Rural Road Pavements. Level of Service, 1985.

[61] Shell International Petroleum Company. Shell Pavement Design Manual-Asphalt Pavement and Overlays for Road Traffic. London,1978.

[62] 林金林. 有限单元法变分原理与应用[M]. 长沙:湖南大学出版社,2003.

[63] 邓学钧. 刚性路面荷载应力的有限元分析(弹性半空间地基假定)[J]. 南京工学院学报(土木工程专辑),1980(3):51-63.

[64] Huang Y H. A computer package for structural analysis of concrete pavements Proceedings,3rd International Conference on Concrete Pavement Design and Rehabilita-tion. Purdue University,1985.

[65] Han M Y, Lytton R L. Theoretical prediction of drying shrinkage of concrete[J]. Journal of material engineering, 1995,7(4):204-207.

[66] Akoto B K A. Effect of flyash on the strength characteristics of lime-laterite soil mixtures[J]. Austr. Rd Res,1988,18(4).

[67] Manjit Singh. Treating waste phosphogypsum for cement and plaster manufacture [J]. Cement and Concrete Research, 2002,32(4):1033-1038.

[68] Gray D H, Tons E, Thiruvengadam T R(1994). Performance evaluation of a cement-stabilized fly ash base. Transportation Research Record, No. 1440, Transportation Research Board, Washington, D. C. :8-15.

[69] 张建国,陈环,闫澍旺. 工业废渣的分类[J]. 岩土工程学报,1997.

[70] 周吉莲. 固体废物环境影响评价方法探讨[J]. 化学世界,2002.

[71] 丁莉平. 公路建设项目环境影响后评价理论体系的建立与实例分析[D]. 杭州:浙江大学,2003.

[72] 中华人民共和国国家标准. GB/T 176—1996 水泥化学分析方法[S]. 北京:中国标准出版社,1996.

[73] 中华人民共和国国家标准. GB/T 11743—1989 土壤中放射性核素的γ能谱分析方法[S]. 北京:中国标准出版社,1989.

[74] 刘朝晖,秦仁杰. 公路环境与景观设计[M]. 北京:人民交通出版社,2003.

[75] 重庆市地方标准. DB50/247—2007 锶盐工业污染物排放标准[S]. 重庆市环境保护局,重庆市质量技术监督局发布,2007.

[76] 程胜高. 高速公路环境评价与发展[M]. 北京:中国环境科学出版社,2002.

[77] 郑百龙. 二氧化硫、三氧化硫对几种植物伤害症状及防治办法[J]. 能源环保,2000.